rororo

Jessica Wagener

Wir geben Opa nicht ins Heim!

Unser Jahr zwischen Wunsch und Wirklichkeit

Rowohlt Taschenbuch Verlag

Originalausgabe
Veröffentlicht im Rowohlt Taschenbuch Verlag,
Reinbek bei Hamburg, August 2016

Umschlaggestaltung ZERO Werbeagentur, München
Umschlagabbildung FinePic, München
Satz hanseatenSatz-bremen, Bremen
Druck und Bindung CPI books GmbH, Leck, Germany
ISBN 978 3 499 63140 5

Für Oma und Opa, in Liebe

So ist es nun mal, mein Kind

Ende Dezember

«Der Mensch ist doch kein Kodder, man kann ihn nicht einfach so wegwerfen.» Omas Blick hängt am Weihnachtsbaum, als verstecke sich eine Lösung im Lametta. Kodder ist ein ostpreußisches Wort, es bedeutet so viel wie Schmutzlappen. Der Mensch, das ist mein Opa. Er ist 83 Jahre alt, hat Parkinson und eine leichte Form der Demenz. Meine Großeltern sind seit 58 Jahren verheiratet. Bis der Tod euch scheidet, so sagte man das früher und meinte es auch. Aber bis es so weit ist, quält sie noch das Leben. Und zwingt mich, dabei zuzusehen.

Seit Opa vor eineinhalb Jahren durch Flüssigkeitsmangel einen Zusammenbruch hatte, ist er bettlägerig. Seine Muskeln schleichen sich Faser für Faser davon, Parkinson lässt den kümmerlichen Rest versteifen und hat ihn gekrümmt, diesen geradlinigen Mann. Er kann nur noch mit Hilfe aufstehen, um sein großes Geschäft auf dem Toilettenstuhl zu verrichten, mitten im Schlafzimmer. Für das Kleine hat Opa inzwischen einen Dauerkatheter. Der bereitet ihm manchmal Unbehagen, er ziept, verstopft, immer wieder gibt es Blasenentzündungen. Und Opa ist regelrecht von dieser Apparatur besessen, überprüft sie im Minutentakt. «Das läuft schon wieder nicht», klagt er auf Repeat. Er versteht die Mechanik nicht mehr, egal, wie oft und wie geduldig wir sie ihm erklären. Er gibt keine Ruhe, umgehend muss Oma herbeieilen, nachschauen und ihm versichern, es sei alles «in bester Ordnung». Er glaubt ihr für höchstens drei Minuten.

Oma selbst ist schwer herzkrank. Weil sie, wie die meisten Menschen ihrer Art, sich nicht zimperlich anstellen wollte, nahm sie den Herzinfarkt 2005 nicht ernst. Sie tat ihn stattdessen als Sodbrennen und Bauchweh ab und wartete vier Stunden, bis sie schließlich doch den Rettungswagen rief. Weil er so lange ohne Sauerstoff blieb, ist ihr Herzmuskel jetzt nur noch klein und schwach. Ausgerechnet Omas Herz, das immer so groß war und sein ganzes Leben lang stark sein musste. Es folgten mehrere Embolien, Stents, Wasser in der Lunge, Nierenprobleme. Ihr Rücken ist auch kaputt, das kommt von jahrzehntelanger, harter Arbeit. Schon als Kind auf dem Feld und im Garten, später in der Küche, Schlachterei, Wäscherei, zuletzt als Putzfrau. Und die Pflege ihres Ehemannes zehrt sie auf. Früher ein rundliches Bilderbuch-Ömchen mit Locken, Rock und Blümchenkittel, ist sie heute spitzschultrig und überwiegend appetitlos. In ihrem ausgeblichenen Kittel verschwindet sie fast.

Einige Mitglieder unserer tendenziell dysfunktionalen Familie – meine Schwester, meine Großcousine, manchmal Omas und Opas beide Kinder, also meine Mutter und mein Onkel, helfen, so gut es geht. Es geht oft nicht, es reicht fast nie. Aber Oma ist stur: «Ich gebe Opa nicht ins Heim, eher sterbe ich.» Sie ist auf dem besten Weg.

Weil heute Heiligabend ist, haben wir Opa seine dunkelgraue Jogginghose und einen Pulli angezogen, ihn in Ermangelung eines richtigen Rollstuhls im Toilettenstuhl an den Wohnzimmertisch geschoben und dort auf seinen alten Lieblings-Komfortsessel gehievt, der Klassiker mit sandfarbenem Veloursbezug, Fuß- und Kopfstütze. Und da sitzt er nun, seine Brust hebt und senkt sich schnell. Entweder starrt er in ein uns verborgenes Nichts oder jagt seinen Blick umher, immer wechselnd zwischen kurzzeitiger Verwunderung und grundsätzlicher Apathie. Das Nicht-im-Bett-Sein strengt ihn an, auch an Weihnachten. Auf dem Fliesentisch flackern alle vier Kerzen des Adventskranzes in Goldgelb, unten klemmt Opas halbvoller Katheterbeutel, ähnliche Farbe.

«So, Kinder, nun wollen wir aber endlich essen!», sagt Oma, hebt sich mit zwei Versuchen aus dem eckigen Sessel und verschwindet langsam in Richtung Küche. Meine Schwester und ich tauschen einen kurzen Blick aus und folgen ihr dann, um zu zweit die übervollen Schüsseln und Teller ins Wohnzimmer zu tragen. Als Vorspeise gibt es das Rote-Bete-Süppchen, das ich zu Hause gekocht habe. Damit füttere ich Opa; dann hat Oma wenigstens einmal kurz Pause. Es ist ein bisschen kompliziert, und es dauert, bis ich den richtigen Löffel-Einschub-Winkel gefunden habe. Sein Gebiss sitzt heute wieder so locker. Neulich hat er versucht, es zu essen: «Was gebt ihr mir denn hier für Kekse? Die kann man ja gar nicht beißen!» Und wir glotzten einmal mehr in die gefräßige Unendlichkeit der Ohnmacht.

Zwei pinkfarbene Suppenkleckse auf Opas Pullover später bekommen wir es gemeinsam irgendwie hin. Opa schimpft dennoch mit mir; er bemerkt es nicht mal, es ist so seine Gewohnheit. Ich bemühe mich um so etwas wie Würde und Normalität, aber ein «Hier kommt das Flugzeug» kann ich mir dann doch nicht verkneifen. Opa ranzt mich an: «Sei nicht immer so albern!» Im Hintergrund spielt irgendein Radio-Orchester leise «O du fröhliche» und mir wird ein wenig schamwarm im Gesicht. Vielleicht ist Humor doch nicht immer der beste Weg, nicht für jeden. Auf jeden Fall offensichtlich nicht für Opa.

Den Kartoffelsalat danach isst er dann aber allein, der geht besser als Suppe und bleibt leichter auf dem Löffel. «Er muss auch mal was selber machen», konstatiert Oma, als ich ihm Hilfe anbiete. Ich kann nicht anders. Mein Herz möchte schreien und weinen und wüten, weil es mit ansehen muss, wie der Mann, der mir Fahrradfahren und Schnitzen beibrachte und ein Baum- und Puppenhaus zimmerte, nicht mal mehr den Löffel richtig zum Mund führen kann. Und es auch selbst ganz genau weiß.

Außer mir sitzen noch meine Schwester und meine Großcousine auf der blaugrauen Couch mit Prägemuster und Fransenbordüre; Opas ältere, nach vielen Jahren des Alleinlebens etwas wunderliche Schwester verlässt ihre Wohnung im Norden der Stadt so gut wie gar nicht mehr, und die meisten von Omas Geschwistern sind nacheinander gestorben. Mein seit seiner Kindheit schwer zuckerkranker, inzwischen fast blinder und mitunter dem Whisky zugeneigter Onkel ist bei seinen beiden fast erwachsenen Söhnen in einer anderen Stadt. Meine mitunter dem Wein zugeneigte und seit der Mitte ihres Lebens ebenfalls zuckerkranke Mutter zu Hause bei ihrem zweiten Ehemann. Wir alle in einem Raum, das ist nahezu undenkbar; wir vertragen uns nicht lange und auch nur mit großer Kraftanstrengung – so erlebe und empfinde ich es jedenfalls. Erst recht an Weihnachten. Viele Wunden und Wündchen, viele wundersame Standpunkte, viel Kummer und Wut, viele tief verschüttete Traumata, wenig gegenseitiges Verständnis. Aber, so habe ich gehört, das soll in anderen Familien ganz ähnlich sein, und das tröstet mich kurz.

Im Radio läuft «O Tannenbaum», die Teller mit dem Kartoffelsalat sind leer. Es ist Zeit für die Bescherung.

Ich hocke im Schneidersitz vor der Douglastanne, die wie jedes Jahr zu wenig Äste und zu viele viel zu bunte Kugeln trägt, und verteile nacheinander die Geschenke. Für Opa habe ich ein Hemd mit Stickereien gekauft. Vor ein paar Monaten hatte er verkündet: «Wenn es mir wieder besser geht und ich endlich wieder richtig aufstehen kann, dann kleide ich mich neu ein. Mit einem weißen Anzug und einem bestickten Hemd. Ganz bunt.» Mein Herz bricht nicht in einem Stück, es zerreißt fetzchenweise in Momenten wie diesen. «Doch nicht *so* eins», schimpft er nun beim Anblick der knallroten Rosen auf taubenblauem Grund. Und statt mich zum zehntausendsten Mal in meinem Leben über seine Schroffheit zu ärgern, denke ich bloß: Juhu, er kann sich erinnern!

Natürlich habe ich auch für Oma ein besonderes Geschenk. Jedes Jahr hetzt mich das Gefühl, dieses sei möglicherweise wirklich unser letztes gemeinsames Weihnachten. Das letzte Mal dieser merkwürdig hübschhässliche Baum mit nicht zusammenpassenden Kugeln aus fast sechs Jahrzehnten, das letzte Mal vier goldgelbe Kerzen auf einem beängstigend ausgetrockneten Adventsgesteck, das letzte Mal ums Königsberger Marzipan und die Nougattütchen feilschen, das letzte Mal Omas Kartoffelsalat mit Speck und Mayonnaise. Wenn es auf Weihnachten zugeht, spüre ich den Atem der Vergänglichkeit noch ein paar Grad heißer in meinem Ohr als ohnehin jeden Tag. Bisher sind wir davongekommen. Aber irgendwann wird es tatsächlich das letzte Fest gewesen sein, und wenn ich dann zurückblicke, will ich nicht sagen müssen: «Zum letzten Weihnachtsfest ihres Lebens habe ich meinen Großeltern was aus Salzteig und mit Kartoffeldruck geschenkt.» Außerdem: Irgendwann hat man eben einfach alle halbwegs akzeptablen Kinderfotos seines Lebens in rührenden Kalendern verarbeitet.

Oma nestelt am Goldpapier des Kartons, auf ihrem Gesicht liegt ein kleines Leuchten. Aber das mag auch die Reflexion der Lichterkette sein. «Oh, was das wohl ist?», fragt sie, und ich erkenne am Frohlocken in ihrer Stimme, dass sie zumindest eine Ahnung hat. Wenig später hält Oma eine lebensechte, irrwitzig teure Babypuppe von der Rückseite einer dieser Rentner-Illustrierten im Arm. Es ist die erste eigene Puppe ihres Lebens, darum habe ich sie ihr auch gekauft, und sie kann auch ihr winziges Plastikhändchen automatisch um einen Finger schließen. «So was Schönes», flüstert Oma und wiegt die Puppe hin und her. Und für diesen einen Augenblick vergesse ich Angst und Sorgen, mein Herz pumpt Wärme durch meine Adern, und das gefühlte Leuchten auf meinem Gesicht kommt nicht von der Lichterkette. Meine Schwester und ich schlagen den Namen Annerose vor, und Oma nickt. Der Name gefiel ihr schon immer; sie hätte es gern gehabt, wenn ich ihn getragen hätte. Zum Glück hat sich meine Mutter in den späten Siebzigern anders entschieden und auch nicht auf ihre damalige beste Freundin Gila gehört, sonst hieße ich jetzt Norma Jean. Ich sage ja: Glück gehabt.

«So was Tolles gab's damals nicht für uns. Wir hatten bloß so eine einzige alte Stoffpuppe, die mussten wir uns alle teilen.»

Oma erzählt wieder von ihren sechs Geschwistern, von zu Hause und von früher und vom Krieg, denke ich und finde das sehr okay.

«Mir tut der Hintern vom Sitzen weh», lamentiert Opa und wischt sich mit einer von ihm immer und immer wieder sorgsam auseinander- und zusammengefalteten Papierserviette einen Spucketropfen aus dem Mundwinkel. Das war's mit Besinnlichkeit, aber so war er schon immer. Es soll früher durchaus mal vorgekommen sein, dass Opa bei einer der zahlreichen Hauspartys rabiat die Sicherung rausdrehte, wenn er den Gästen das Ende der Feier deutlich machen wollte.

Gemeinsam rollen wir Opa also auf dem Toilettenstuhl wieder ins Schlafzimmer zu seinem Bett, alleine wäre das nicht zu schaffen. Seine glatten Stöckchenbeine wackeln, als Oma ihm die Jogginghose auszieht und er wieder nur T-Shirt und eine Windel trägt. Es ist ein wenig so, als würde sich dieser erwachsene Mann jeden Tag ein Stückchen mehr in ein Kleinkind zurückverwandeln. Und er braucht genauso viel Zuwendung,

Betreuung und Aufmerksamkeit. Der entscheidende Unterschied ist bloß: Bei einem Kind weiß man, dass es in einem ziemlich genau bestimmten Zeitraum immer selbständiger wird und sich nach und nach entwickelt. Bei einem alten, pflegebedürftigen Menschen hingegen weiß man gar nichts. Weder, was da alles noch kommen wird, noch, wie lange es dauern mag. Ich weiß vor allem nicht, ob dieses Nichtwissen eine gute oder schlechte Sache ist.

Erschöpft liegt Opa schließlich in der rosakarierten Bettwäsche. Er schließt die Augen, eine knittrige Hand verharrt am dreieckigen Galgen über seinem Kopf, so als erinnerte sie nicht, was als Nächstes zu tun ist. Eine Sicherung rausdrehen, das könnte sie nicht mehr. Oma raunt mir ins Ohr: «Er sieht aus wie ein aus dem Nest gefallenes Vögelchen.» Das sagt sie oft, und sie hat ein wenig recht. Opis Kopf ist klein und rötlich, wenige verbliebene Haare stehen wie kurze Drahtfäden vom Kopf ab, seine Gliedmaßen sind mager, seine Haut runzlig, seine Nase ragt markant aus seinem Gesicht hervor. Ja, er sieht ein bisschen aus wie ein Adlerküken. Er hat immer noch große Lebenskraft, tief innen drin, das ist spürbar. Ich beuge mich über den Rand des Pflegebettes zu ihm herab und küsse ihn auf seinen eingefallenen Mund, seine Zähne schlafen schon im Glas. Es riecht nach Rasierwasser, gelöschten Kerzen und Urin. «Frohe Weihnachten, Herzensopi!» Opa öffnet seine winzigen hellen Augen, und auf seinen unbeweglichen Wangen zeichnet sich ein Lächeln ab.

Im Wohnzimmer neigt sich dieser Heiligabend dem Ende. Meine Schwester muss noch weiter, meine Großcousine zu ihrem Cockerspaniel, ich will unbedingt ins Bett. Ich helfe Oma mit dem Geschirr und lasse mir eine umfunktionierte, blassgespülte Eiscremepackung mit Kartoffelsalat aufschwatzen. «Nimm mit Kind, du musst doch was essen», sagt sie und schaufelt mit dem großen Löffel Mayonnaisekartoffeln ins Plastik. Plötzlich hält sich Oma mit beiden Händen an der Arbeitsfläche fest und wankt ein paar Mal um ihren Mittelpunkt, als stünde sie im Wind. «Was ist denn, Omi? Was ist los?» Sie nimmt einige flache Atemzüge, bevor sie schließlich leise sagt: «Nichts, Liebling. Ist schon gut.» Ein bemühtes Lächeln unter schweren, grauen Lidern. «Es ist alles in bester Ordnung.» Ich bin mir nicht so sicher.

Was ist das Beste für Opa?

Mitte Januar

Wenig später, das neue Jahr ist erst ein paar Wochen alt, öffnet mir Omi mit marianengrabentiefen, auberginefarbenen Augenringen die Tür, und von bester Ordnung kann nicht mal mehr ansatzweise die Rede sein. «Er hat mich wieder die ganze Nacht nicht schlafen lassen. Wenn ich keinen Schlaf kriege, das ist das Allerschlimmste. Oh, Mann! Ich halte das bald nicht mehr aus!» Sie trägt immer noch das rosa Nachthemd, ihr mittlerweile dunkelweißes Haar ist ungekämmt und steht in drei großen Büscheln zu Berge. Am späten Vormittag, das hätte es früher nicht gegeben.

Opi sitzt auf der Bettkante, der Kopf hängt tief zwischen seinen zusammengekrümmten Schultern, aufgerissene Augen fixieren mich aus seinem spitzen Gesicht. Er trägt schon Jogginghose und T-Shirt, Spucke hat einen großen, dunklen Kreis darauf hinterlassen. Ich ziehe ihm ungeschickt noch Schuhe und Pullover über. Opa atmet schnell und unter Einsatz des gesamten Brustkorbes. «Alles wird gut, Großväterchen», höre ich mich sagen und versuche, mir selbst zu glauben.

Wir warten auf den Krankentransport; in der Urologie im Krankenhaus soll Opa einen suprapubischen Katheter bekommen, durch die Bauchdecke statt durch die Harnröhre. Das sei «pflegerisch einfacher» und für den Patienten «deutlich schmerzfreier» – so sein Urologe. Vorsichtig setze ich Opa seinen Winterhut aus dunkelgrünem Cord auf, er rutscht ein Stückchen zu weit nach unten. Kann man eigentlich auch am Kopf abnehmen?

Opa guckt mich an und sagt: «Früher sah ich aus wie Cary Grant.» Zur Abwechslung funkeln seine Augen vor lauter Schalk, und ich glaube, meine auch. Doch Oma schnaubt nur und sagt: «Rede nicht immer so dummes Zeug!» Opa dreht den Kopf zu mir und empört sich: «So spricht sie die ganze Zeit mit mir! Sie sagt, ich bin verrückt. Dass ich nicht mehr richtig im Kopf bin. Die spinnt doch, die Oma!» Auch Oma wendet sich mit ihrem Ärger direkt an mich: «Die ganze Nacht hat er mich immer wieder aufgeweckt und erzählt, da wären fremde Leute im Wohnzimmer, die ihm ein Loch in den Bauch machen wollen. Er hat mich einfach nicht schlafen lassen. Nicht eine Minute! Und ich brauche doch meinen Schlaf!»

Da ist so viel Qual in ihrer Stimme, dass ich kurz keine Luft bekomme. Wenn Opi nervös ist, wirbelt sein Gehirn die Eindrücke durcheinander: Dicht an der Realität und trotzdem nicht real. Sie beide glotzen mich an, als wäre ich eine Instanz, die nun bestimmen soll, wer recht hat. Aber ich bin doch nur ihr Enkelkind, ich kann das nicht. Außerdem haben sie beide recht, irgendwie. Ich fühle mich zerrieben zwischen Kräften und Kümmernissen, die sie nicht verstehen und nicht bewältigen und darum an mich weitergeben. Aber ich begreife das doch auch alles nicht. Was soll ich, was kann ich tun? Ich balle meine Fäuste, bis es schmerzt, und nichts passiert.

Oma dreht sich um, legt sich wieder ins Bett und rollt sich grummelnd zu einem rosa Ball zusammen. Früher standen ihre Betten nebeneinander; ich schlief oft auf der Besucherritze, eingekuschelt zwischen Omi und Opi. Dann sangen sie zusammen Schlaflieder für mich. «Wer steht da draußen, und klopfet an? Dass ich die ganze Nacht nicht schlafen kann?» Und für mich war die Welt eine Zeit lang heil und warm und sicher und schön und voller Glück und Geborgenheit. Mittlerweile braucht Opa ein Pflegebett mit Spezialmatratze, und mein Onkel hat, obwohl er kaum noch sehen kann, die beiden Betten mühevoll L-förmig angeordnet. Omas Kopfteil grenzt nun an Opas Fußende. Und in der Ecke zwischen beiden Betten steht der Toilettenstuhl, auf dem ich jetzt sitze. Die dicken, roten Brokatvorhänge sind noch immer zugezogen, und ins stickige Halbdunkel hinein sagt Opa abrupt etwas, das mein Herz würgt: «Ich weiß doch, dass nicht immer alles stimmt, was ich denke, Oma! Aber ich muss dich doch wecken, damit du mir sagst, ob es stimmt oder nicht. Woher soll ich es denn ohne dich wissen?»

Bevor einer von uns etwas erwidern kann, klingelt es. Minuten später helfen die Krankentransporter Opa auf den Tragestuhl. «Guck, wie toll! Du wirst auf einer Sänfte getragen, wie ein König», brabbele ich in der Hysterie der Verzweiflung. Opa schweigt und tupft mit seinem Tuch an seinem Kinn herum, während er die Treppen heruntergetragen wird wie ein König. Ein König, der aussieht wie ein aus dem Nest gefallenes Vögelchen. Ein König der Zerbrechlichkeit, der Vergänglichkeit. Ein langsam sterbender König. Als ich hinter ihm und seiner Sänfte hergehe, kämpfe ich mit den Tränen.

Die Fahrt im Krankentransporter verbringt Opi hinten im Sitzen, und ich darf bei ihm sein. «Ihr fahrt ja ganz falsch, warum fahrt ihr nicht rechts rum?» Opa ist sein ganzes Leben lang Kraftfahrer gewesen, in Zeiten, in denen der eigene Kopf das Navi sein musste. Er erinnert sich daran, das ist gut. Als ihm keiner der beiden antwortet, tue ich es. «Ach, Opi – lass die Jungs mal fahren, die haben da bestimmt ihren eigenen Lieblingsweg.» Opi brummt, schließt die Augen und öffnet sie erst wieder, als wir im Krankenhaus ankommen.

Im Wartezimmer der urologischen Ambulanz sitzen wir auf zwei Plastikstühlen vor dem Fenster. Ich halte links seinen Katheterbeutel und rechts seine Hand. Mein Daumen streicht über papierdünne Haut, blauschimmernde Adern, flache, hellgraue Warzen. Ich küsse seine Wange, lege meinen Kopf an seine knochige Schulter. Zwei andere Patienten mittleren Alters schauen zu uns rüber und gucken nicht weg. Erst weiß ich nicht, warum. Doch dann erkenne ich: In ihren Blicken prangt unverhohlener Ekel, so was wie Widerwillen, oder Abscheu. Als ich meine Augen nicht abwende und ihnen auffällt, dass sie starren, gucken sie plötzlich synchron an die Wand, und mir wird heiß. Opa ist ein offensichtlicher Greis, und Greise küsst man in dieser Gesellschaft eben nicht, man sieht sie nicht mal, wir sperren sie ja alle weg, damit sie nicht stören in ihrer Hässlichkeit, Schrumpeligkeit, Verwirrtheit, mit ihren Pipibeuteln und Altersflecken. Fickt euch, denke ich. Das ist mein Großvater, und ich werde niemals aufhören, ihn zu küssen! Die Hitzewelle ebbt ab, und ich schließe die Augen. Ach, vielleicht haben sie auch nur Angst vor der Zukunft. Besser gesagt: vor dem Tod. Aber wer behauptet eigentlich, dass ich die nicht habe? Oder Opa? Ich lege den Arm ein wenig fester um ihn.

Wir warten fast zwei Stunden, bis der Urologe ihn endlich untersucht. Ganz hutzelig sieht mein Opa auf der Liege aus, zusammengesunken, viel kleiner als zu Hause. Trauer flattert durch meine Brust. Der Urologe untersucht ihn, Opa hält sich am Galgen über der Liege fest. Und an meinem Blick. «Ich würde Ihnen davon abraten», sagt der Arzt schließlich und erklärt auch knapp, warum. Opas Blase sei durch den Dauerkatheter geschrumpft, da könne man nicht so ohne weiteres hineinstechen. Zudem habe er momentan anscheinend eine Blasenentzündung, da könne sich ein Bauchrauminfekt ausbreiten. Später bestehe die Gefahr, dass er sich so einen Katheter leichter rausreiße. Und überhaupt sei das grundsätzliche Infektionsrisiko nur minimal geringer. Dann schweigt er mit hochgezogenen Augenbrauen. Doch sein Blick darunter ist lauter als das Ticken der Uhr an der Wand. Und ich weiß gar nichts mehr, höchstens noch, dass ich seinen oder meinen Kopf gegen genau diese Wand schlagen möchte.

Ist das wahr, was der Arzt sagt – oder will er bloß endlich in seine Mittagspause? Möglicherweise ist er mit jemandem verabredet und spät dran. Wieso hat Opas niedergelassener Urologe uns den suprapubischen Katheter als Spitzen-Idee verkauft? Ich habe keine Ahnung, wie dieses System funktioniert, welcher Arzt an welchem Eingriff wie viel verdient und warum oder auch nicht. Und vor allem habe ich keine Ahnung, was ich jetzt machen soll.

Opa verkrampft sich auf der Behandlungsliege, sein Oberkörper bleibt halb aufgerichtet, beide Hände umkrallen den Galgen. Er sieht mich unverwandt an, ein Speichelfaden rinnt über sein Kinn, sein Tuch liegt sorgsam gefaltet auf dem Boden. Er kann es nicht entscheiden, das muss ich tun. Ich stehe am Fußende und habe das Atmen eingestellt, das Gewicht der Verantwortung erdrückt mich. Was ist das Beste für meinen Opi? Was soll ich tun? Mit wackligen Fingern hole ich mein Telefon aus der Tasche und rufe Oma an. Ich erkläre ihr, was der Arzt gesagt hat. Sie flüstert: «Ich weiß es nicht, Kind. Ich weiß es nicht. Entscheide du.» Durch den Hörer schiebt sie mir den Felsen zu. Und ich spüre zwischen Informationen und Halbwissen, Risiken, Zweifeln und Bedenken in mich hinein. Mir bleibt nichts anderes übrig, als auf mein Bauchgefühl zu hören. Dann ist die Antwort auf einmal klar: «Wir fahren wieder nach Hause, Opilein.»

Oma hat sich zwischenzeitlich augenscheinlich etwas erholt, sich ordentlich gekämmt und trägt wieder Kittel statt Nachthemd. Als König Opa auf seiner Sänfte in die Wohnung getragen wird, nimmt sie sein Gesicht in beide Hände, herzt und küsst ihn, als hätte sie ihn wochenlang nicht gesehen. «Geht es dir gut, Liebling?» Er nuschelt nur, er ist erschöpft. Opa war schon lange nicht mehr draußen, erst recht nicht mehrere Stunden am Stück. Vom emotionalen Stress mal ganz abgesehen.

Nachdem ich ihn ausgezogen und ins Bett gelegt habe, betrachtet Opa sich ausgiebig in seinem Handspiegel, das macht er oft. «Na, beguckt er sich wieder? Ach je. Wie Schneewittchen!», ruft Oma aus dem Wohnzimmer. Aber Opa hört nicht hin. «Wie alt ich aussehe. Ich habe gar keine Augenbrauen mehr, alles weg», sagt er und dreht seinen Kopf nach rechts und links und wieder zurück. Und ich flüstere zurück: «Für mich bist du schöner als Cary Grant.» Oma legt die Hand auf meine Schulter. Ich kann fühlen, wie sie lächelt.

Die Last der Verantwortung

Ende Januar

Es gibt sie – ganz schöne Momente wie diese – aber manchmal ist es auch ganz schön schwer. Vor allem, wenn man wie ich nicht immer da sein kann, weil man Geld verdienen muss, einen Vollzeitjob hat und ein eigenes Leben mit Freunden und kleinen bis mittelgroßen Sorgen. Ich kann Oma und Opa regulär nur einmal die Woche besuchen, dafür aber rufe ich sie jeden Tag an. Meistens tauschen wir uns bloß über Nichtigkeiten aus, was wir gegessen haben, was die Verdauung so macht und das Herz und der Alltag. Oft dauern die Gespräche weniger als zwei Minuten und sind trotzdem so wichtig, für uns alle. Aber auf das, was Oma mir nun am Telefon erzählt, bin ich nicht gefasst.

«Opa ist aus dem Bett gefallen.» Ihre Worte feuern durch den Hörer mitten in meinen Solarplexus. «O Gott, was ist passiert?» Angst explodiert in mir, von der Kehle bis zum Bauchnabel zieht sich alles zu einem Knäuel zusammen. «Nein, nein – es ist alles in Ordnung. Mach dir keine Sorgen. Er hat sich nichts getan. Ich habe ihn nur nicht mehr alleine hoch gekriegt.»

Und wo war ICH? Wieso war ich nicht da? Genau. Ich war arbeiten, lernen, schlafen, dies, das. Oma musste meine Großcousine anrufen, die in der Nähe wohnt und zufällig frei hatte. Nur gemeinsam konnten sie Opa wieder in sein Pflegebett heben. Meine Wangen werden warm, und ich presse meine Stirn fest in meine Handfläche, während Oma weitererzählt. «Ich hatte das Gitter am Bett bei ihm nicht ganz oben, nur hinten, und er wollte unbedingt aufstehen zum Holzholen. Kannst du dir das vorstellen? Er war richtig stur, er hat einfach nicht auf mich gehört!» Sie klingt erstaunt, fast ein bisschen beleidigt. Schließlich ist sie mittlerweile die Herrin im Haus, ihr ganzes Leben lang ist es umgekehrt gewesen.

Früher bekam Oma Kostgeld von Opa, um die Einkäufe zu bezahlen, ging – mit seiner schriftlichen Erlaubnis, so war das damals – halbtags arbeiten, kümmerte sich um die Kinder, kochte und schmiss den Haushalt; Opa kümmerte sich hingegen um alles Organisatorische, Finanzielle und die Papiere. Das hat ihm immer Spaß gemacht, er hatte einen eigenen Stempel und persönliches Briefpapier mit seinem Namen darauf. Doch seit Opa zunehmend kränker wurde, hat sich die Rollenverteilung ganz allmählich verschoben. Wenn man durch seine Unterlagen blättert, erkennt man, wie seine einst schwungvolle, raumgreifende Unterschrift im Laufe der vergangenen Jahre immer kleiner, krummer und formloser wurde. Bis davon nur noch ein langgezogenes Zickzack übrig blieb.

Und seit Opas Zusammenbruch muss Oma den Papierkram komplett alleine erledigen, obwohl sie absolut keinen Plan davon hat. Ihre Handschrift ist wegen ihrer kriegsbedingt kurzen Schulzeit die einer Grundschülerin, in der Wohnung stapeln sich verstreute Häufchen mit Briefen und Schreiben. Als ihr jüngerer Bruder unlängst an Krebs starb, kümmerte sich Oma um seine Angelegenheiten, rief überall an, schrieb mit Hilfe meiner Schwester Briefe und ging zu Banken und Behörden. Sie trägt nun die Verantwortung für den Haushalt, sie ist die Entscheiderin, und sie hat sich daran gewöhnt. Widerspruch ist selten geworden, und wenn, dann übergeht sie ihn meist.

In meinen Gedankengang hinein höre ich Omi plötzlich kurz ein bisschen lachen. Es befreit, auch mich. «Und – bumms! – lag er da. Der Opa ist vielleicht ein Schlemihl! Ach, Kind. Wenn es nicht so traurig wäre, dann wäre es manchmal fast lustig.»

Einen Ofen, den man mit Holz befeuern muss, haben meine Großeltern seit 1997 nicht mehr, damals wurde endlich eine Zentralheizung eingebaut. Aber das Gehirn meines Opas macht ab und zu Zeitreisen. Neulich wollte er mich unbedingt mit dem Auto von der Schule abholen, wie früher, und ließ sich partout nicht davon abbringen. Das ist die Demenz, sie verformt seine

Realität. Sie ist es auch, die ihn nachts oft nicht schlafen lässt, die ihn um- und antreibt und ihn quält. Nicht nur ihn. Oma, im Nebenbett, macht alles ungefiltert mit. Sie sind durch zwei rotgoldene Ringe, zwei Herzen und ein gemeinsames Leben aneinander gekettet. Wenn Oma aufgewühlt ist, ist Opa aufgewühlt. Und ist er aufgewühlt, wühlt er sie auf. Tagein, tagaus.

«Heute Nacht war es wieder besonders schlimm. Ich habe schon wieder kein Auge zugemacht», sagt Oma am nächsten Tag am Telefon. «Du musst mal herkommen und hier schlafen, damit ich endlich schlafen kann!» Ihre Stimme knirscht wie brüchiges Glas. Sie weiß nicht, wohin mit ihren Gefühlen – mit der Ohnmacht, Wut, Trauer, Hilflosigkeit und Überforderung. Und in ihrer Not gibt sie all das an mich weiter, wieder und wieder. Professionelle psychologische Hilfe will sie nicht, obwohl ich schon so oft versucht habe, ihr das nahezubringen. Denn kein Mensch kann dauerhaft das schultern, was sie schultert. «Psychohygiene, Oma», sage ich immer. Aber sie ist mindestens genauso stur wie Opa.

Also bleibt mir nur, auszugleichen, gegenseitiges Verständnis zu wecken, zu beruhigen, zuzuhören. Meist per Telefon. «Es ist alles gut, Oma. Opi meint das nicht so. Er macht das nicht, um dich zu ärgern. Für ihn ist das die Realität. Er erlebt das wahrhaftig so. Du musst runterkommen, damit er wieder ruhiger wird. Er ist abhängig von dir, auch emotional», sage ich, wenn sie ihn ausschimpft. Und zu ihm sage ich: «Opilein, der Oma geht es nicht so gut. Das Herz, weißt du? Du musst ein bisschen besser auf deine Frau aufpassen und ruhig bleiben. Du bist schließlich der Ältere und Vernünftigere.» Wenn ich dann auflege, blicke ich lange auf die Linien meiner Handflächen. Leer. Hin- und hergerissen zwischen der Verantwortung für die Menschen, die ich liebe und die Hilfe brauchen, und den Anforderungen, Freuden und Leiden meines eigenen Lebens.

Ich kann nicht rund um die Uhr bei Oma und Opa sein. Und wenn ich ehrlich zu mir selbst bin, will ich das auch gar nicht. Aber was ist das richtige Maß? Neulich lag ich fast drei Stunden neben dem piependen Wecker und schlief vor lauter Erschöpfung einfach weiter. Komatös. Und jedes Mal, wenn mein Bewusstsein aus dem Schlaf zurückkehrt, presst die Verantwortung meinen Brustkorb zusammen. Das Gefühl, niemals genug zu tun, lässt tagsüber meine Schritte erlahmen. Auf andere Weise so, wie Opas Schritte immer weiter erlahmt sind, bis er jetzt nicht mal mehr zum imaginären Holzholen alleine aufstehen kann.

Einen Tag später geht es dann wieder besser, und Oma sagt mit halbbeschwingtem Ausdruck: «Mach dir nicht immer so viele Sorgen um uns, mein Herz. Wir kriegen das schon irgendwie hin. Du musst ja auch dein Leben leben. Das Leben ist nämlich kurz, weißt du?»

Als sie den Hörer an Opa weitergibt, höre ich mich flehen: «Versprichst du mir, dass du liegen bleibst und nicht wieder aufstehst, Opi? Versprichst du mir das?» Seine Stimme ist leise. «Jaja, Kleines. Verspreche ich.» Und seine Versprechen mir gegenüber hat mein Opa bisher immer gehalten.

Immer Ärger mit Opa

Anfang Februar

«Er musste schon wieder so oft auf Toilette. Vier Mal in einer Stunde», sagt Oma unwirsch. Seit Opas Muskeln zunehmend versteifen und verkümmern, schafft er den kurzen Weg ins Bad nicht mehr und kann grad noch so auf den Toilettenstuhl, der im Schlafzimmer neben seinem Bett steht und mit der Sitzfläche und dem darüber drapierten Handtuch gelegentlich als Gästesessel dient. Und auch das schafft Opa nur mit Omas Hilfe. Seine Beine zittern, sein Gleichgewichtssinn versagt und er hat ständig das Gefühl hinzufallen. Das kostet Oma Kraft, physisch und psychisch. Das Gitter des Pflegebettes runterschieben, Opa aufrichten, den Blasenkatheterschlauch samt Beutel so durch die Windel fädeln, dass er nicht verknotet, ihm das weiße Plastik runterziehen, ihn anpacken, sein Gewicht halten, eine wacklige Vierteldrehung vollführen wie in der Karikatur eines Tänzchens, ihn langsam hinsetzen und ihm dabei kontinuierlich versichern, dass er jetzt nicht hinfällt, ihm anschließend den Hintern abputzen, Katheter zurückfädeln, ihn wieder anziehen, ihm hochhelfen, erneut dieses bizarre Tänzchen vollführen, bei dem sein Gewicht auf ihr lastet, ihm zurück ins Bett helfen und zudecken. Mehrmals am Tag.

«Und dann kommt doch immer nur ein Pups raus», beschwert sich Oma und dreht an ihrem Ehering. «Ja, aber das weiß ich doch vorher nicht», schimpft Opa nebenan. Ich kann ihn verstehen. Die Angst, in die Windel zu machen, ist übermächtig. Da ist es vollkommen egal, dass der offizielle Terminus «Schutzhose» lautet. Es ist eine Windel. Mit dem Dauerkatheter hat er sich abgefunden, auch wenn er von ihm besessen ist, aber in die Windel – das ist für Opa undenkbar. Den Gedanken an den Tag, an dem er gar nicht mehr aufstehen können wird, schiebe ich weit weg. Wir alle.

Während Oma in der Küche den Grünkohl auf die Teller häuft, setze ich mich auf die Abdeckung und Sitzfläche des Toilettenstuhls, nehme Opas Hand: «Wie geht es dir, mein Lieblings-Opi?» Heute hat er seine Zähne nicht drin, sie halten immer schlechter. Ich verstehe trotzdem jedes Wort, obwohl er nuschelt. «Wie immer. Wie soll's mir schon gehen? Ich liege halt hier rum.» Er erzählt davon, dass ihn immer nachmittags Übelkeit und Unruhe überfallen und er nicht weiß, woher diese Gefühle kommen. Dass es ihm schwer fällt, Oma ständig um Hilfe bitten zu müssen. Dass sie zunehmend gereizt ist und es an ihm auslässt. «Sie schimpft immer mit mir. Sie sagt, ich will sie nur ärgern. Das stimmt aber nicht. Und wenn ich was sagen will, dann lässt sie mich nicht ausreden.» Ich spüre seine Last, eine Last zu sein. Seinen Frust, seine Hilflosigkeit. Ich höre ihm zu und halte seine runzlige Hand ganz fest.

Wir essen mit meinem Onkel im Wohnzimmer, vorher bringe ich Opa das Tablett mit Grünkohl-Kartoffel-Matsche und einem Joghurt ans Bett. Wir können uns sehen, auch wenn wir nicht im selben Raum sind, die Tür ist immer offen. Und Opa will unbedingt im Bett essen, am Tisch ist es ihm zu anstrengend. «Nächste Woche will ich wegen Opa noch mal wieder zum Verrückten-Arzt ...» Ich unterbreche sie: «Das heißt Neurologe, Oma.» Er ist derjenige, der für Opas Parkinson-Medikamente zuständig ist. Sein Stichwort: «Meine Pille, Oma!» Ich stehe an ihrer Stelle auf.

Später halte ich dann Omas nicht ganz so runzlige Hand und höre ihr zu. Sie erzählt von der ständigen Alarmiertheit, vom täglichen Leben für einen anderen Menschen – ihren Ehemann – und dass er ihr nie Ruhe lässt. «Das mit dem Stuhl immer ist das Stressigste für mich, da hilft mir auch kein Pflegedienst und nichts», sagt sie, und ihre Schultern sacken nach vorn. Wir haben das schon oft durchdiskutiert und auch mal kurzzeitig ausprobiert, aber Oma verweigert den Pflegedienst. «Die machen alles nur husch-husch und sacken das ganze Geld ein. Nein, nein. Das brauchen wir nicht. Dafür ist mir das Pflegegeld zu schade. Die können mir doch auch nicht helfen! Wobei denn? Waschen kann ich den Opa ab und zu auch alleine, kochen muss ich sowieso jeden Tag, und die Tabletten kriege ich auch noch selber hin.»

Das Problem sind tatsächlich seine zahlreichen vergeblichen Toilettengänge und seine nächtliche Unruhe. Und Omas Überforderung mit der Gesamtsituation. Wie bei jedem Besuch kann ich auch diesmal nichts anderes tun, als wieder meine ganze Liebe über Oma und Opa gleichermaßen auszuschütten und zu versuchen, auf beiden Seiten Verständnis füreinander zu wecken. Zum Abschied küsse ich Opa und sage: «Soll ich deine Füße noch in die Decke einwickeln, Opi?» «Nein, brauchst du nicht. Ich muss gleich noch mal auf den Stuhl ...» Sein parkinsonsteifes Gesicht verzieht sich zur Andeutung eines Grinsens, das Trübe in seinen Augen wird von einem kleinen Glitzern verscheucht, für ein paar Sekunden ist er wieder der Alte. «... die Oma ärgern.» Und dann lachen wir, alle drei.

Doch auf dem Nachhauseweg bohrt die Frage in mir, wie es wohl sein mag, den ganzen Tag im Bett zu liegen. Den Fernseher anzustarren und doch nichts zu sehen. Dauerhaft von anderen Menschen abhängig zu sein. Diese Gedanken hängen an meinen Schultern, während ich durch den Hamburger Nieselregen stapfe und auf die Lichter in den Pfützen gucke. Ich treffe mich gleich noch mit einem Freund, denn ich bemühe mich um ein

Leben, das nicht nur aus Oma und Opa besteht. Ein Leben mit Job, Kollegen, Freundeskreis. Aber die beiden lassen mich gedanklich selten los, so wie jetzt.

Wie war Opa eigentlich früher? So lange ist das noch nicht her, aber die Erinnerung weicht mir aus. Das Selbstverständliche prägt sich nicht ein, wenn sich der Wandel schleichend vollzieht. Es ist so unfair, dass ich meinen Opa vermutlich als verwirrtes Adlerküken im Andenken behalten werde. War er aktiv? Ich weiß es nicht mehr genau, egal, wie sehr ich überlege. Ich glaube, zumindest nicht in klassischen Hobbys. Bis auf eins: Meine Großeltern hatten jahrzehntelang einen Schrebergarten, eine Art Datscha, wo sie fast all ihr Obst und Gemüse selbst anbauten. So kannten sie das von Zuhause in Ostpreußen und so machten sie es hier. Und dort im Garten war Opa immer in Bewegung: harken, hämmern, mähen, sähen, jäten, ernten. Ich habe ihm gern geholfen; für mich war das ein großer Spaß, auf Opas Schultern zu sitzen und an der Weißdornhecke Kirschen vom Nachbarn zu pflücken.

Gearbeitet hat er unter der Woche auch viel. Er war Kraft- und Gabelstaplerfahrer und nebenberuflich Versicherungsmakler – oft unterwegs, fleißig und immer elegant. Zackig, wortkarg, zuweilen harsch. «Hart, aber herzlich», so sein selbstgewählter Slogan. Ein typischer Vertreter der Männer seiner Generation, geboren 1930. Sein ganzes Leben lang hat Opa Jackett, Hemd und

Hut getragen, in der Tat ein bisschen so wie ein Fünfziger-Jahre-Filmstar. Sein Gang, wenigstens den sehe ich noch vor mir, war federnd, zielstrebig und flott. Bevor das Schlurfen sich einschlich. Aber sonst?

In seiner Freizeit saß Opa meist in seinem Sessel, hat Illustrierte gelesen – keine Bücher – und Fernsehen geguckt, Kreuzworträtsel gelöst, oft stundenlang nicht gesprochen. Uns gelegentlich mit beeindruckender Lautstärke angezischt, wenn wir ruhig sein sollten. Kürbiskerne, Datteln und Äpfel gegessen. Steuererklärungen für die Familie gemacht. Ganz früher soll er gern und gut gefeiert und gesungen haben, aber das habe ich nur noch in einzelnen Ausläufern erlebt. Seine wilden Zeiten waren fast vorbei, als ich Ende der Siebziger zur Welt kam.

Nun liegt er da, auf seiner Spezialmatratze. Seine Frau versorgt und bedient ihn wie schon ihr ganzes gemeinsames Leben. Nur jetzt eben rund um die Uhr und in jeder Hinsicht. Der Fernseher läuft, die Tage verstreichen, Zeitung lesen kann er nicht mehr. Aber vielleicht ist der Unterschied zu vorher insgesamt doch gar nicht so groß? Was weiß ich schon. Ich weiß ja nicht mal mehr, wie sein Lachen klingt. Mitten im Regen bleibe ich stehen.

Wie kann das eigentlich sein, dass man vergisst, wie sich ein Lachen anhört? Ich versuche, mich zu konzentrieren. Da ist nur Stille. Die Nässe rollt von meiner

Kopfhaut auf meine Wangen meinen Hals hinab. Opa hat nicht ständig gelacht, das weiß ich noch. Ab und zu aber schon, und dann ausgiebig. Louis de Funès fand er lustig, und ich fand, er wäre ihm sehr ähnlich. *Louis und seine außerirdischen Kohlköpfe*, den Film haben wir mehr als einmal zusammen gesehen. Opa und Oma auf ihren Sesseln, ich auf dem Sofa. Während ich die Treppen zum Bahnhof hinuntergehe, sind die Bilder da, ganz deutlich und kontrastscharf, das Gefühl auch. Aber der Sound ist weg, meine Erinnerung ist ein Stummfilm. Das Kreischen der U-Bahn auf den Gleisen spült durch meine Ohren und ich begreife: Auch wenn Opa heute noch Momente hat, in denen er sich amüsiert, und auch wenn sein Gesicht sich dann noch zur lachsymbolischen Grimasse verzieht: Ich werde Opas lautes Lachen nie wieder hören. Parkinson hat es geschluckt.

Mit kalten Fingern fummle ich das Smartphone aus meiner Handtasche. «Was ist denn, Kind?», will Oma wissen. «Nichts, alles in Ordnung. Ich wollte nur … Magst du mir mal den Opa geben?» Geraschel, Gemurmel. «Hallo?» Bis auf ein im Alter hinzugekommenes Knistern in der Stimme und das Nuscheln klingt Opa, wie er schon mein Leben lang klang. «Ich wollte nur mal hören, wie's dir so geht.»

«Na, wie soll's mir schon gehen? Du warst doch grad da.»

«Sag mal, Opi … Was ich eben vergessen habe zu fragen: Langweilst du dich eigentlich so den ganzen Tag im Bett?»

«Nein, wieso? Der Fernseher läuft doch, und die Oma ist hier.»

«Echt nicht? Ich meine, früher hattest du doch den Garten und so.»

«Ja, früher.»

«Und Zeitung lesen machst du auch nicht mehr?»

«Nein, weißt du doch.»

«Und woran denkst du so den ganzen Tag? Machst du dir viele Gedanken?»

«Nein. Und nun hör auf, so viel zu fragen. Ich muss auf den Pott.»

«Gut, okay. Dann mach mal, Opi. Bis morgen.»

«Ja, bis morgen.»

Vielleicht ist es wirklich alles nicht so fürchterlich. Vielleicht geht's Opa echt ganz okay. Vielleicht will ich das ganz wirklich dringend glauben.

Fack Ju, Herr Doktor!

Mitte Februar

«Die kannst du alle vergessen die Ärzte heute, weißt du das?» Ja. Ich weiß, was Oma meint. Leider. Wir sitzen seit weit über einer Stunde im Wartezimmer, und ungehalten trifft ihre Stimmung nicht mal im Ansatz. Sie hat einen schmerzhaften Bandscheibenvorfall, schon seit Jahren. Und eine Verengung des Nervenkanals in der Wirbelsäule. Nicht ihr größtes Problem, aber ihre Beine tun bei jedem Schritt zunehmend weh. Selbst wenn Opa sie mal nicht nachts aufweckt, liegt Oma oft wach, weil ihre Füße kribbeln.

«Das fühlt sich an wie eingeschlafen, nur viel, viel schlimmer», klagt sie oft und schluckt dann eine weitere Morphin-Tablette. Nicht gut, schon gar nicht für ihre vom täglichen Tablettencocktail strapazierten Nieren. Darum sind wir hier. Oma will sich operieren lassen, weil «die Schmerzen in den Füßen einfach nicht mehr auszuhalten» sind. Der Neurologe soll nervliche Ursachen für das Kribbeln ausschließen.

Nach über zwei Stunden schaffen wir es bis ins Untersuchungszimmer. Oma sinkt auf den Bauhaus-Lederstuhl mit Chromgestell, lehnt ihren graubelockten Kopf an einen grellbunten Kunstdruck auf weißem Raufaser. Sie macht sich Sorgen um Opa, den sie auch mit Fremdbetreuung nie gern allein lässt, schon gar nicht für einen ungeplant langen Zeitraum. Wir haben eine Bekannte meiner Großcousine engagiert, die ein Auge auf Opa hat und ihm im Falle eines Falles auf den Toilettenstuhl hilft. Trotzdem ist Oma nervös.

Nach weiteren 30 Minuten, in denen ich nichts anderes tun kann, als Omas erstaunlich kleine Hand zu halten und sie mit Anekdoten aufzumuntern («Weißt du noch, als Onkel Sigi ...?»), reißt ein Mann in marineblauem Poloshirt und weißer Hose die Tür auf und rauscht herein. «Tag», sagt er und fixiert die Zettel in seiner Hand. Dann postiert er sich vor einem Terminal und ruft Omas digitale Patientenakte auf. Nach mehreren Momenten dreht er endlich den Kopf in unsere Richtung und fragt: «Und was wollen Sie jetzt von mir?»

Ich spüre, wie Wut in mir anspringt, und komme Oma zuvor: «Es geht um die Wirbelkanalstenose und den Bandscheibenvorfall. Wir erwägen einen Eingriff und sollen sicherheitshalber neurologische Ursachen für die Schmerzen ausschließen.» Der Neurologe stiert mich über den Goldrand seiner Brille an. Jemand, der alte Menschen zum Arzt begleitet und ansatzweise seine Sprache spricht, ist augenscheinlich mindestens unbequem. Aber ich war ja selber mal schwer krank, ich habe unfreiwillig ein paar Vokabeln gelernt und ein bisschen vom Doktor-Duktus aufgeschnappt.

«Habe mir die Unterlagen angesehen. Neurologisch ist alles in Ordnung», spricht er sein knappes Urteil. Dann druckt er wortlos etwas auf einem rosa Zettel aus, drückt es mir in die Hand und raunt beim Rausgehen: «Sagen Sie vorne am Tresen Bescheid.»

Ich weiß ehrlicherweise nichts über den Arbeitsalltag von Ärzten, von der Belastung, dem Stress. Von ihren Schutz- und Abgrenzungsmechanismen. Ich habe großen Respekt vor dem, was sie tun, und vor der Verantwortung, die sie täglich tragen. Aber ich habe erlebt, dass einige von ihnen Unterschiede machen. Nicht nur zwischen Privat- und Kassenpatienten, sondern auch zwischen Alt und Jung. Als bei mir Krebs diagnostiziert wurde, bekam ich innerhalb von nicht mal 48 Stunden einen Termin zur Magnetresonanztomographie. Ich wurde später operiert, habe es überstanden. Als einige Zeit danach bei Oma ein – zum Glück im Ergebnis harmloses – Geschwür festgestellt wurde, musste sie sechs Wochen auf die gleiche Untersuchung warten. Beinahe so, als lohne sich die Mühe nicht mehr. Und einige von ihnen reden mit den Alten wie mit Kindern oder als wären sie dumm, lästig. Dabei sind sie doch einfach nur eins: alt. Menschen, die ein Leben gelebt, Kinder großgezogen, Steuern gezahlt, gearbeitet haben. Versucht haben, im weitesten Sinne nützlich für die Gesellschaft zu sein. Die ihren Beitrag geleistet haben und jetzt Hilfe brauchen. Das ist der Deal. Und die dann, wenn sie schließlich gegen Ende ihres Lebens die Einlösung des Deals fordern, plötzlich feststellen müssen, dass er nicht mehr gilt. Dass sie betrogen wurden. Dass all das, was sie geleistet haben, nicht viel zählt. Dass man keine Zeit und keine Lust hat, ihnen zuzuhören, wenn sie langsamer sprechen und denken, oder auf sie zu warten, wenn sie langsamer gehen oder ihr Kleingeld hervorkramen. Dass sie stören. Dass das Budget aufgebraucht ist. Dass nebenan ein Patient mit potenziell längerer Lebensdauer oder einer lukrativeren Erkrankung sitzt. Tja, da kann man nichts machen, sorry, hier ein paar Pillen, der Nächste bitte. So verflucht entherzt. Und mehr noch als dieses kalte System bestürzt mich die allgemeine Akzeptanz dessen. Eins weiß ich aber ganz genau, bei aller Wut: Auch ein Arzt wird mal alt, krank, langsam, verwirrt und verletzlich sein. Und dann auf seinesgleichen treffen. Viel Glück dabei. Karma, Baby.

Sekundenlang sitzen Oma und ich ratlos da. Mir fällt nicht mal mehr eine Anekdote zur Ablenkung ein. Dann richtet sie sich abrupt im Lederstuhl auf und kreiert aus dem Stand eine neue. «Fack ju, Herr Doktor!», ruft sie energisch, und mein Groll löst sich mit einem Lachen. «Oma, wie redest du denn? Wo hast du denn solche Ausdrücke her?» Sie antwortet halb ärgerlich, halb amüsiert: «Ich bin 80, ich darf das.» Ich umarme sie und drücke sie fest. Oma hat wie immer recht. Wenn dir von einem langen, harten Leben alles weh tut, darfst du nach Herzenslust pöbeln und fluchen.

Sie schimpft weiter: «Die Ärzte heute, die kannst du alle in der Pfeife rauchen! So eine Schweinebande! Die haben doch einen Eid geschworen, oder nicht? Da kommt man her und braucht Hilfe und wird so abgekanzelt. Das hätte es bei Frau Doktor Behrmann nicht gegeben.» Oma trauert ihrer alten Hausärztin auch Jahrzehnte nach deren Ableben noch immer uneingeschränkt nach. «Damals hatten die Ärzte noch Herz, da ging's nicht immer nur ums Geld.» Ich weiß, dass das pauschalisierend und nicht fair ist, aber ich kann sie verstehen. Sie hat es einfach schon zu oft erlebt. Und ich mit ihr.

Auf dem Nachhauseweg, auf der Rückbank des Taxis, entscheiden wir uns gegen die Operation. Omas Herz ist einfach zu mitgenommen und schwach für die Narkose. «Dann muss ich eben so noch ein bisschen durchhalten. Nützt ja nichts», sagt Oma und guckt trotzig aus dem Autofenster.

Als wir schließlich zu Hause ankommen, schafft sie es kaum die Treppen in den ersten Stock hinauf. Nach jeder Stufe pustet sie pfeifend. Herz, Rücken und Beine haben sich zum Streik zusammengetan. «Oh nee, Kind. Wie soll das noch werden?», fragt sie mit großen Augen, und ihr Gesicht ist bleich, ihre Lippen schimmern blassbläulich. Ich gehe neben ihr, meine Hand unter ihrem Ellenbogen, und sage: «Schritt für Schritt, Omi. Irgendwann werden wir schon oben ankommen. Und wir haben Zeit, wir sind ja nicht auf der Flucht.» Sie atmet flach. «Nein. Nicht mehr. Gott sei Dank.»

Und ja, irgendwann kommen wir oben an. Oma hält sich am Türrahmen und der dunkelgrünen Wohnungstür fest und schnauft. Ich stehe mit hängenden Armen daneben. «Soll ich deine Jacke nehmen?», stelle ich eine Übersprungsfrage. «Lass mal, Kind. Geht gleich wieder. Geh du schon mal zum Opa.» Die Kurzzeitbetreuung sitzt im Wohnzimmer und liest Zeitung, Opa liegt im Bett und guckt auf den kleinen Fernseher. «Alles okay bei euch?», will ich wissen. «Jaja, keine besonderen Vorkommnisse. Er war ganz ruhig.» Opa selbst, in Spuren noch immer ganz der Alte, fragt: «Wo habt ihr euch denn wieder so lange rumgetrieben?» Ich kann ein Schmunzeln nicht unterdrücken und küsse ihn auf die Wange. «Beim Arzt, Mecker-Opa. Du weißt doch selbst, dass das manchmal ewig dauert.»

Als ich einige Minuten später in die Küche gehe, um Opa was zu trinken zu holen, sitzt Oma am Ende des schmalen Raumes zwischen den Arbeitsflächen auf dem Hocker vorm Fenster und hat ihr Gesicht in den Händen verborgen. «Oh, Omi, was ist denn los?», sage ich und knie mich vor sie. «Ich kann nicht mehr, ich kann einfach nicht mehr», sagt sie. «Was ist denn nur mit meinem Körper? Der kann doch nicht ganz kaputtgehen? Ich muss doch für den Opa da sein. Und für deinen Onkel. Das geht doch alles nicht.»

Ich nehme ihre Hände in meine. «Wir kriegen das hin, Omi. Wirklich.» Und ich fürchte, dass ich lüge. Ich habe nämlich keine Ahnung, wie lange das noch so weitergehen kann. Ich habe aber auch keine Ahnung mehr, was ich noch machen soll. Einen Pflegedienst will Oma nicht, eine Haushaltshilfe auch nicht, eine Pflegekraft, die bei ihnen wohnt, schon gar nicht, und ins Heim soll Opa erst recht auf gar keinen Fall. Ja, würde die ganze Familie zusammen in einem Haus wohnen, wäre die Lage womöglich eine andere. Aber ehrlicherweise würden wir uns wohl innerhalb von 12 Stunden an die Gurgel gehen. Spätestens.

Einige Zeit danach diagnostiziert ein anderer Neurologe bei Oma übrigens das sogenannte «Restless Legs Syndrom» und verschreibt dagegen die gleichen Tabletten, die Opa gegen sein Parkinson bekommt: Levodopa. «Zack! Ist das Kribbeln weg. Ist es denn zu fassen? Dass das so einfach geht ... Und ich habe mich so lange gequält. Umsonst! Ärzte – die kannst du wirklich in der Pfeife rauchen. Also, mir geht's wieder gut jetzt. Ganz wunderbar!»

Warum quält mich dann trotzdem das Gefühl, dass wir auf einen Abgrund zusteuern?

Im Stich gelassen?

Ende Februar

Ich bin froh über jede Woche ohne Drama. Wenn Opa mal nicht aus dem Bett fällt oder wüst halluziniert, wenn niemand zum Arzt muss, wenn es kaum Klagen gibt und kein Schimpfen. Das sind die Zeiten, in denen ich versuche, Kraft für die Katastrophen zu tanken. Diese Pausen sind alles, was ich habe, und ich lasse mich mutwillig hineinfallen, so gut ich kann. Doch das geht nicht leicht, wenn man die Katastrophe schon riechen kann, wenn man weiß, dass sie irgendwo da vorn am Horizont lauert, dass sie unausweichlich ist und grauenvoll. Und dass jede kleinere Katastrophe jederzeit auch noch ihren großen Bruder holen kann und man nicht weiß, ob man auch ihm noch standzuhalten vermag.

Mag sein, dass das Bewusstsein dafür wie ein Brennglas fürs Glück wirkt. Ich brauche ab und an eine umfassende Auszeit, ich muss manchmal einfach abhauen. Sonst falle ich irgendwann um und stehe nie wieder auf. Mein Job als Redakteurin macht mir zwar Spaß, als Freelancerin habe ich jedoch nie richtig Feierabend. Nur durch die Freiberuflichkeit allerdings kann ich die gelegentlichen Notfälle und akuten Situationen bei und mit Oma und Opa einigermaßen flexibel in meinen Alltag einschieben; in einer geregelten Festanstellung wäre das deutlich komplizierter bis nahezu unmöglich. Jedenfalls habe ich schon vor längerer Zeit beschlossen, dass ich im Februar Urlaub brauche. «Ja, fahr du mal weg, Kind», hatte Oma vor meiner Abreise gesagt, «du brauchst das, das tut dir gut. Ich kenne dich doch. Hau du mal ab zu den Brasilianern!» Denn seit meiner Weltreise ist Rio de Janeiro der Ort, an dem ich meine Batterien aufladen kann. Nirgendwo anders komme ich so zu mir selbst wie hier. Nirgendwo anders kann meine Seele so frei atmen und mein Herz unbeschwert sein.

Jetzt, in diesem Moment, fällt es mir allerdings überraschend schwer. Ich sitze am Strand von Leblon und gucke missmutig auf die Kokosnuss vor meinen Füßen. Sicher, ich habe diese Reise lange im Voraus gebucht und mich sehr darauf gefreut – aber das schlechte Gewissen hat sich ins Gepäck geschlichen und spuckt mir in die Sonnenmilch. Habe ich tatsächlich gedacht, ich könnte die Sorge um Oma und Opa einfach so am Hamburger Flughafen zusammen mit den unerlaubten Flüssigkeiten zurücklassen? Was ist, wenn sie gerade jetzt meine Hilfe brauchen, wo ich nicht da bin? Glühende Wut wallt in mir auf. Wut auf mich selbst, Wut auf die Situation, auch Wut auf Oma und Opa. Warum sind sie so stur und lassen keine Haushaltshilfe zu, keinen Pflegedienst? Warum wird die Last von so wenigen Schultern getragen? Warum fühlt sich das Gewicht so schwer an? Und: Warum ist das überhaupt so, warum macht mir das etwas aus?

Es sollte doch so sein, dass jeder Mensch aufopferungs- und hingebungsvoll seine alten Angehörigen pflegt, eine erfüllende und würdevolle Aufgabe. Aber so ist es nicht. Im Gegenteil: Es ist scheiße hart und harte Scheiße. Es tut weh, jedes Mal. Man sieht ihnen beim stückchenweisen Sterben zu und kann rein gar nichts machen. Sie leiden, kämpfen und quälen sich, und man steht daneben und will bloß brüllschluchzen, bis der Himmel einstürzt. Vergeblich. Außerdem hat unsere Welt sich verändert. Wir leben nicht mehr alle am selben Ort im selben Haus und können uns abwechselnd einfach so kümmern – häufig leben wir allein und verstreut. Wir leben vor allem sehr viel länger. Und wir müssen alle arbeiten, oft mehr als acht Stunden.

Ich wünschte, Oma und Opa wären einfach gesund. Oder zumindest gesünder. Oder nicht ganz so starrköpfig. Oder ich wäre ... frei. Was auch immer das heißt. Ich halte den Atem an. Diesen Felsen nicht mehr tragen müssen, das wäre so schön, so erleichternd. Scham brennt die Wut nieder und hinterlässt Leere und einen eiternden, wunden Fleck auf meiner Seele. Meine Zehen krümmen sich im heißen Sand. Es gibt Momente, in denen würde ich einfach gern davonschwimmen. Wie die Plastikflasche da vor mir im Meer.

Schon drei Tage bin ich nun hier in der Sonne Rios und brüte unter einer düsteren Wolke vor mich hin. Ich traue mich nicht mal, bei Oma und Opa anzurufen – aus Angst vor schlechten Nachrichten. So wird das nichts mit Urlaub. Ich stehe auf, packe meine Sachen und werfe die leere Kokosnuss in die orangefarbene Abfalltonne an der Promenade von Leblon. Genervt und enttäuscht von mir selbst schlurfe ich den weiten Weg und den Berg hoch zurück in mein Lieblingshostel in der Favela Vidigal. Dort checkt gerade ein Schwung neuer Gäste ein, ich beachte sie nicht. Doch als ich in mein Zimmer komme, ist eine zierliche, blondgelockte Frau in meinem Alter gerade dabei, auf einem lächerlich großen Koffer zu balancieren. Anna heißt sie, und sie kommt aus Slowenien.

Während ich meinen trockenen Bikini wieder im Rucksack verstaue und sie ihr Bett bezieht, kommen wir ins Gespräch. Anna ist warmherzig, witzig. Und Psychotherapeutin. Mag sein, dass es mir deshalb so leicht fällt, ihr nach ein paar Augenblicken des Smalltalks mein Herz auszuschütten. Mag sein, dass es aber auch einfach nur grad überläuft. «Ich mache mir Sorgen um meine kranken Großeltern. Ich musste einfach mal raus, aber jetzt bin ich mir nicht mehr sicher, ob das wirklich so eine gute Idee war. Auch, wenn meine Schwester grad auf sie aufpasst – ich habe das Gefühl, ich hätte sie im Stich gelassen, irgendwie.»

Anna hört auf zu balancieren, zieht die Hand aus dem pinkfarbenen Kissenbezug und schaut mir direkt in die Augen. «Natürlich war das eine gute Idee! Man muss doch auch mal auftanken.» Sie wendet den Blick ab und sagt: «Ich habe auch Familie zu Hause gelassen.» Dann erzählt sie von ihren beiden Töchtern, sieben und neun Jahre alt. Sie warten in Ljubljana darauf, dass ihre Mama in zwei Wochen wiederkommt.

«Du bist ohne deine Kinder verreist, ganz allein?» Ich weiß nicht, ob ich das mutig oder merkwürdig finde, und rüge mich sogleich im Stillen für diesen konservativen Impuls. Hätte ich das auch bei einem Mann merkwürdig gefunden? «Ja, sie sind in den besten Händen – bei meiner Mutter. Weißt du, mein Job ist extrem kräftezehrend und ich bin alleinerziehend. Ich brauche manchmal Zeit für mich und musste genau wie du einfach mal raus. Wenn ich zurück bin, kann ich ihnen dann wieder meine ganze Kraft und Liebe geben.» Die Wärme in Annas Stimme strahlt auf mich ab. «Außerdem spreche ich fast jeden Abend mit ihnen. Zum Glück gibt's hier ja Internet!» Sie zwinkert. Stichwort. Ich wühle mein iPad aus dem schmalen Schränkchen. «Entschuldige mich, bin gleich wieder da.»

Auf der Dachterrasse tippe ich die erste Telefonnummer, die ich je auswendig konnte, in die Skype-Tastatur. «Hallo?» Omas Stimme klingt verschlafen, aber in Deutschland ist es ja auch schon spät. «Ich bin's, Omi.» Sofort hellt sich ihre Stimme auf. «Kind, wie geht es dir? Ist es immer noch schön da, wo du bist? Sind alle nett zu dir?» Wir plaudern fast fünf Minuten, bis ich endlich meine Gewissensbisse zugebe. «Ach, Quatsch! Deine Schwester kümmert sich sehr gut um uns. Hier bei Opa und mir ist alles in bester Ordnung. Mach dir keine Sorgen. Hauptsache, dir geht es gut, du hast Spaß und kommst gesund wieder. Und dann erzählst du mir, was du alles Tolles erlebt hast.»

Oma ist nämlich insgeheim selbst eine Abenteurerin, die bedauerlicherweise in der falschen Zeit geboren wurde. Sie durfte sich noch nicht mal ihren Beruf selbst aussuchen, dabei wäre sie so gern Friseurin oder Erzieherin geworden. Sie mag schöne Dinge, andere Kulturen, und sie liebt es, Neues zu entdecken – sei es auch nur durch meine Erzählungen.

Kurz darauf klicke ich auf den roten Auflegebutton und lächle in die untergehende Sonne. Nur durch Abstand stimmt die Perspektive wieder und ich kann Oma und Opa als Personen sehen, mit Humor und Liebe und nicht überwiegend als Pflicht- und Pflegefälle. Die düstere Wolke ist weg, und ich habe endlich Urlaub, zumindest für den Moment. Aber ich weiß, dass die Wolke wiederkommt. Ich kann sie riechen. Genau wie die Katastrophen.

Das ist keine Petersilie!

Mitte März

«Hallo, meine Kleine», sagt Opa, seinen zahnlosen Mund in der steifen Skizze eines Lächelns aufgesperrt. Gefühlte Ewigkeiten haben wir uns nicht gesehen, weil ich im Urlaub war. Es waren zwei Wochen in meinem Rio, sie haben mir sehr gut getan. Ich beuge mich über das Gitter des Pflegebettes und lege meine Arme um seine hageren Schultern. «Hau nicht den Becher um», motzt er. Auf Opas Beistelltisch steht ein großer, grüntransparenter Plastikbecher mit passendem Strohhalm, aus dem er sein Wasser mit Saftschuss trinkt. Ganz ohne streng – das kann Opa auch bei aller Wiedersehensfreude nicht. Aber ich habe wieder genug Energie, um sein Meckern abzufangen. «Jaja. Ich liebe dich auch, Opi.»

Er sieht gut aus, ruhig und zufrieden. Seine oft zitternden Hände umfassen das Taschentuch statisch, sein Blick ist wach und ruht auf dem Vorhang. Doch das war nicht immer so während meiner Abwesenheit. Zwischendurch hatte Opa ein paar Demenzschübe; das hat Oma mir bei meinen Urlaubsanrufen verschwiegen.

«Was hätte ich dich denn damit belasten sollen?», fragt sie, und in mir ringen Liebe und Dankbarkeit mit dem sich mal wieder aufbäumenden schlechten Gewissen.

Oma berichtet, was so alles passiert ist. «Den einen Tag hat er den Deckel von der Taschenlampe abgeschraubt und gekaut. Und ich dachte: Was hat der denn da nur im Mund? Als ich ihn gefragt habe, sagte er: ‹Petersilie.› Kannst du dir das vorstellen?» Sie schüttelt den Kopf, zwischen Lachen und Entsetzen. «Wenn er das Ding verschluckt hätte – er hätte ersticken können!»

In dieser Phase konnte Oma ihn keine Minute aus den Augen lassen. Als sie einmal dringend zum Arzt musste, bestellte sie über den Pflegestützpunkt eine Betreuerin. «Und dann kommt da eine Oma reinspaziert, die selbst schon fast 70 ist», sagt sie und wirkt immer noch verblüfft. «Aber ich hatte keine Zeit, mich zu wundern. Ich musste ja los.» Die rüstige Dame macht das ehrenamtlich und hat früher als Altenpflegerin gearbeitet. Für Opa war das genau richtig, gelassene Leute beruhigen ihn. Kann sein, dass sie ihn auch ein bisschen an Oma erinnert hat. «Die ist sogar mit ihm auf den Pott gegangen, ohne Probleme. Die ist fit, die bestelle ich jetzt immer.» Ich nicke und denke: Wahrscheinlich wird sie es nie wieder tun.

Doch weil Opa immer verwirrter wurde, weil er Dinge sah und hörte, die nirgendwo existierten, außer in seinem Kopf – die für ihn aber so real waren wie die

Spezialmatratze, auf der er seine Tage verbringt –, hat Oma schließlich mit seinem Arzt gesprochen. Und der hat die Medikamentendosierung leicht angepasst. Das muss man manchmal machen bei Parkinson-Patienten. Opa tut das gut, seine Unruhe und die Angstgefühle sind weniger geworden. Vorerst. Sie kamen sonst immer pünktlich am Nachmittag und blieben bis zum Abendbrot. «Wovor hattest du denn überhaupt solche Angst, Opi?», frage ich, auf dem Toilettenstuhl sitzend, und ahne Krieg, Granaten und Soldaten. Ich erinnere mich an Fragmente seiner seltenen Erzählungen, er hat fast nie darüber gesprochen.

Anfang 1945, als Opa 14 Jahre alt war, kamen russische Soldaten nach Ostpreußen. Zu Pferd ritten sie in das kleine Dorf bei Rastenburg und holten alle 30 Übriggebliebenen aus den Häusern. «Das waren nur so ein paar kleine, versprengte Soldaten. Banditen, praktisch», so Opa. Zwei Dorfbewohner wurden gleich erschossen, das Ehepaar Passlack am nächsten Tag, ebenso Opas Tante Lina.

Am dritten Tag stürmten diese kleinen Soldaten der Roten Armee zu zweit die Wohnung von Opas Familie, warfen eine Granate in das große Zimmer. Sie rollte an die eine Wand und dann wieder zurück unter den massiven Eichenholzschrank. Als sie explodierte, ist wie durch ein Wunder niemandem etwas Ernstes passiert. Nur einen lebenslangen Tinnitus hat Opa davongetragen. Und diese Unruhe. Als wir nach der Wende 1991 dort zu Besuch waren, habe ich das Loch mit eigenen Augen gesehen, dürftig verputzt.

«Natürlich hat man da Angst», so Opi. Nach der Explosion nahmen die Russen seinen Vater mit. Er sagte, er käme bald zurück, sie müssten sich keine Sorgen machen. Einige Tage später fand ihn seine Tochter – Opas große Schwester – erschossen im Straßengraben. Sie mussten ihren Vater mit bloßen Händen in der gefrorenen Wintererde begraben.

Opa und seine Freunde, Helmut und Gustav, versteckten sich regelmäßig im Schafstall unter der Futterkrippe. «Bis der Neumann uns Ende März verraten hat.» Die russischen Soldaten drohten, sie würden eine Granate reinwerfen, wenn die Jungs nicht rauskämen. Eine offenbar bewährte Maßnahme. Und so krochen sie hervor, ein Bengel nach dem anderen, und gingen zu Fuß ins Ungewisse, in diesem Fall ein entferntes Dorf, eins wie alle anderen in Ostpreußen. Runter in einen Keller. Dort wurde Opa, damals ein Teenager, verhört. Er saß auf einem Stuhl, ein russischer Offizier übersetzte. «Warst du bei der Hitlerjugend?», wollte er wissen. «Als ich nein sagte, bekam ich den Gewehrkolben ins Kreuz. Und dann habe ich Rotz und Wasser geheult.»

Es waren finstere, beschämende Zeiten damals; vor, während und nach dem Krieg und für alle Seiten. Opa blieb dreieinhalb Jahre in Gefangenschaft, bekam Typhus und kaum was zu essen. Diejenigen, die schon etwas größer waren, wurden vom Lager in den Wald geschickt zum Holzholen. Opa war zu klein, darum hat er die Sachen im Lager erledigt: Brot holen, Kartoffeln auflesen, Fischgräten aus den Mülltonnen sammeln, um daraus Suppe zu kochen. Später hat er bei den Bauern gearbeitet oder bei den Offizieren saubergemacht und dafür ein Stückchen Brot oder Käse bekommen. In einem der Dörfer hat Opa in der Tischlerei gearbeitet. Bis er wieder weiter musste. Und nicht wusste, wie lange das noch so gehen würde. Ist seine Geschichte Teil dieser Angst des Ausgeliefertseins, die ihn jeden Nachmittag heimsucht, sitzt das Trauma so tief? Ich wiederhole meine Frage: «Wovor fürchtest du dich, Opi? Mir kannst du es sagen.»

«Weiß ich nicht.» Er guckt an die Decke und macht eine lange Pause. Ich beobachte die langsam vorwärts kriechenden Eiweißfussel in dem Plastikschlauch, der unter seiner Decke hervorkommt. Schließlich sagt er: «Dass der Katheter nicht richtig läuft. Und dass es nicht wieder besser wird mit mir.» Es ist zu spät, um seine uralten Monster zu vertreiben – selbst für mich. Es ist unmöglich, ihm zu sagen, dass er nie wieder gesund wird – besonders für mich. Ich drücke seine Hand und drehe meinen Kopf zur Seite. Wie soll ich ihm das beibringen? Dass er nie wieder aufstehen und spazieren gehen wird? Dass er die letzte, unbestimmt lange Zeit seines Lebens im Bett verbringen wird, hilflos und oft latent verwirrt, dass er seiner eigenen Wahrnehmung nicht mehr trauen kann?

«Und hast du dich auch gut benommen, während ich weg war?», frage ich ihn nach einem Augenblick, mein Mund ist so trocken wie meine Lider feucht. Opas blaue Augen sind klein und klar. «Natürlich, was denkst du denn? Und mach dir mal um mich keine Sorgen.» Er erwidert den Druck meiner Hand. Ich verstecke meinen Kummer wie immer im Clownskostüm. «Nicht, dass du wieder ein ganzes Büschel Petersilie kaust, Opilein.» Seine Antwort kommt im Brustton der Überzeugung: «Warum sollte ich denn so was tun? Schmeckt doch nach nichts.»

Jetzt braucht Oma auch mal Liebe

Ende März

Sie hängt im Velourssessel, ihre Augen sind geschlossen. Ich habe ihre Beine auf den kleinen, braunlackierten Holzhocker gelegt und ihr die Socken ausgezogen. Omas Füße, die übers Haff den ganzen Weg von Ostpreußen bis nach Hamburg gelaufen sind, die Kinder, Enkelkinder und ein ganzes Leben getragen haben, sind klein und glatt bis auf ein bisschen Hornhaut, die Nägel rissig. Ich creme sie ein, mit Heparinsalbe. Ganz vorsichtig über die bordeauxroten Fäden unter ihrer Haut; Oma hat eine Venenentzündung. Ich streiche auch noch über ihre Beine, als die Salbe längst eingezogen ist.

«Das tut gut, dass sich auch mal jemand um mich kümmert», flüstert Oma und sieht dabei aus wie eine sich auflösende Wolke. Ihre Lider sind gerötet, ihr Gesicht schimmert grau. Wie tapfer sie ist. Und wie zerbrechlich, denke ich. Sie pflegt Opa unermüdlich, 24 Stunden, für sie gibt es keine Alternative. Liebe ist Liebe, Versprechen ist Versprechen. Oma ist ein Durchzieher. Ich fürchte, das habe ich von ihr. Ich fürchte auch, es übersteigt ihre Kräfte. Sie ist so tapfer, sie kämpft so wild entschlossen. Ihr Körper gibt nach und nach auf, und sie lässt ihn einfach nicht. Doch das wird nicht ewig so weitergehen. Wieder dieses Stechen hinter meinen Rippen.

Ach, Oma. Ich werde mich an dich und deine Stärke erinnern, mein Herz, wenn deine kleinen Hände kalt und deine Augen geschlossen sein werden, denke ich, während ich ihre Beine weiter streichle. Ich werde mich erinnern – daran, wie du als 11-Jährige so stummschreiend um deine verunglückte Lieblingscousine getrauert hast und nicht mal an ihrem Haus vorbeigehen konntest, an deine Geschichten von Zuhause, von Flucht, Bomben und Hungersnot und Läusen, so vielen Läusen überall. Daran, wie du dich immer ein bisschen geschämt hast wegen deiner vielen Geschwister und wie ihr als Erwachsene dann doch unzertrennlich wart, jedes Wochenende gefeiert, nacheinander Kinder bekommen und großgezogen habt. Daran, dass du trotz allem wolltest, dass ich geboren werde und wie du immer gesagt hast: ‹Kinder muss man bloß lieben, der Rest kommt von allein.› Wie du mich in eine Schaukel im Türrahmen gesetzt und mir Anschwung gegeben hast, damit du weiter kochen und gleichzeitig auf mich aufpassen konntest. Ich werde mich erinnern, an deine stets dauergewellten Haare, die morgens zu Berge stehen wie bei deinem Vater, den ich noch ganz kurz kennengelernt habe, bevor er in seiner Wohnung verbrannt ist, und wie sie sich von Braun zu Grau zu Dunkelweiß verwandelt haben. Daran, wie du abends nach dem Abwasch mit mir in der Küche getanzt hast, als mein Kopf im Stehen noch an deinen weichen Bauch passte. Daran, wie meine kleine Hand nicht um eben diesen Bauch herum kam, wenn ich im Bett das große Löffelchen sein wollte. An deinen Geruch, diesen warmen, erdigen, cremigen Geruch deiner Haut, der mein Zuhause ist. Ich werde mich erinnern, liebe Omi, an das Graublau deiner Augen, das wie meins ist, und daran, wie du immer ‹Das kleidet mir, Blau ist meine Farbe› sagst, wenn du etwas Blaues trägst. Daran, dass ich dich erst Mitte der Neunziger zum ersten Mal in einer Hose gesehen habe und dass Loulou dein Lieblingsparfüm ist. Ich werde mich an deine Ente mit Rotkohl und Soße erinnern, an deinen legendären Kartoffelsalat, an Streuselkuchen und die daumendicke Butter auf dem Brot. An die Art, wie du «Purzelinchen» sagst und wie du manchmal beim Sprechen halbe Sätze singst, wenn du gute Laune hast. Daran, wie du mir einen Teller Kekse ins Zimmer gestellt hast, als ich irgendwann mal wieder eine ganze Nacht unterwegs war, und wie du «Ein paar Herzen für mein Herzi» mit deiner kriegsbedingten Kinderschrift auf ein Stück Pappe geschrieben und dazugelegt hast. Ich werde mich erinnern, Omi, wie du ein Puffer zwischen meinem und Opas Dickkopf sein wolltest, wie du zwischen mir, meiner Mutter, die immer eher eine große Schwester für mich war, und meinem Stiefvater vermitteln wolltest, wie dich das alles vor Kummer fast zerrissen hat. Daran, wie du noch lange meine Wäsche gewaschen hast, als ich ausgezogen war und mir keine Waschmaschine leisten konnte. Wie stolz du auf meinen Abschluss als Jahrgangsbeste warst. Wie du dir für meine Hochzeit extra eine Bluse hast maßschneidern lassen und eine passende Rose im Haar trugst. Daran, wie gefasst du mit meiner Scheidung umgegangen bist und dass du immer hinter mir stehst, auch wenn meine Entscheidungen und Pläne für dich oft nicht nachvollziehbar sind. Ich werde mich an alles erinnern, Oma. An dich. Vor allem an die ganze Liebe, denke ich und streiche weiter über ihre müden Beine.

«Ach, Kind – du bist so still, du redest doch sonst immer so viel», sagt Oma mit geschlossenen Augen, und bevor ich antworten kann, verlangt Opa nach Aufmerksamkeit. «Oma! Ich glaube, ich muss bald auf den Pott.» Augenblicklich ziehen sich ihre Schultern hoch. «Das hat doch bestimmt noch Zeit, Opi.» Er brummt irgendetwas Unverständliches.

Das Schlafzimmer grenzt direkt ans Wohnzimmer; das Kopfteil seines Pflegebettes hat Oma so hingestellt, dass er sie sehen kann, wenn sie in ihrem Sessel sitzt. So wie jetzt. Mit der Bürste kämme ich sachte Omas halb rausgewachsene Dauerwelle. «Das ist schön, das hat unsere Mutter auch immer gemocht.» Ihre Stimme klingt weit weg. Sie sagt immer «unsere Mutter», weil es sieben Kinder waren. Zwei sind noch übrig, eins davon ist Oma. Langsam streiche ich ihr über den Kopf, während ich ihr Nichtigkeiten aus meinem Leben erzähle, mit ihr über die Verwandtschaft herziehe und wir ein paar Witzchen über Opa machen. Sie mehr als ich. «Natürlich lache ich manchmal über Opa! Soll ich denn immer nur weinen? Nö. Ich lasse mir das Lachen nicht nehmen!» Sie klingt nur ein bisschen verzweifelt und beinahe resolut.

«Oma! Ich glaube, da kommt was», ruft Opa von nebenan.

«Lass mal, ich kümmere mich», sage ich und gehe die fünf Schritte an sein Bett. Aber Opa will nicht, dass ich ihm auf den Toilettenstuhl helfe. Er will Oma. Verständlicherweise, halbwegs. «Aber wir haben das doch auch schon zusammen gemacht, Opi. Weißt du noch? Ich krieg das mit dir hin.»

Seine fast verschwundenen Augenbrauen ziehen sich zusammen. «Natürlich weiß ich das. Ich bin ja nicht blöd. Aber die Oma kann doch kurz aufstehen und mir eben helfen.»

Ich seufze. «Nein, Opa. Das kann sie eben nicht. Oma muss sich jetzt mal ausruhen. Sie ist auch krank. Lass mich dir doch helfen, dann kann sie noch ein bisschen sitzen bleiben.»

Oma trällert betont fröhlich: «Genau! Genau! Hör, was deine Enkeltochter sagt!»

Doch Opa bleibt stur, an der Grenze zur Heimtücke. «Dann geh ich eben, wenn du weg bist.»

Er ist in der Tat nicht blöd. Was soll ich da machen? Damit er nicht zu eifersüchtig wird, creme ich auch seine Waden ein. «Ach, Opi – du hast so schlanke, glatte Beine! Wie ein junges Fohlen.» Mal wieder scherze ich über die Hilflosigkeit hinweg.

Bevor ich schließlich gehe – es ist unter der Woche und schon nach 20 Uhr –, massiere ich noch ein bisschen Omas schmale Schultern und zupfe ihr mit meiner Pinzette drei Haare aus dem Kinn. «Ich werde jetzt nicht noch das Rasieren anfangen», sagt Oma. «Ich will mit meinem Bart beerdigt werden.» Eventuell ist sie der lustigste Mensch der Welt.

«Wenn es endlich Frühling wird, dann machen wir Ausflüge. Zum Beispiel nach Glückstadt oder ins Kabarett, wohin du willst. Ich miete mir dafür ein Auto. Oder wir machen Raclette, das wolltest du doch immer mal probieren.» Oma lächelt. Ja, wir entwerfen Luftschlösser. Aber einige davon werden wir wirklich bauen. Ich bin nämlich ein Durchzieher. Das habe ich von ihr.

Mit der einfachsten Sache fangen wir ein paar Tage später an. «Bevor ich in die Kiste springe, muss ich das doch mal probiert haben.» Oma wiegt das Raclettepfännchen in ihrer Hand. «Tante Mia hat das vor ihrem Tod zuletzt auch immer gemacht, bei ihren Nachbarn. Und ich wusste doch nie, wovon sie da spricht.»

Darum steht jetzt auf dem vollen Esstisch im ehemaligen Kinderzimmer ein neuer Raclettegrill. Ich habe eine Freundin mit nach Hause gebracht, wie früher. Gemeinsam erklären wir Oma, wie sie den Käse am besten ins Pfännchen legt. Während wir auf die Pfännchen warten, reden wir. Vor allem über die Liebe.

«Wenn ich Opa nicht so lieben würde, könnte ich das alles jetzt nicht ertragen», sagt sie. Und auch: «Mit jemandem, der nicht in jeder Hinsicht auf Augenhöhe ist, kann man nicht gut alt werden. Da macht man sich was vor.»

Ich frage: «Ist das bei euch denn so?»

Omas Blick verfinstert sich. «Jetzt mit Opas Parkinson und so natürlich nicht mehr. Aber früher, da schon.» Sie blickt in die Leere hinter dem Fenster. «Manchmal wünschte ich, es wäre wieder so wie damals.»

Meine Kehle wird eng. Wie gern würde ich die Zeit zurückdrehen.

Omas Ehemann-Patient sitzt nicht mit am Tisch, er mag wieder mal nicht: «Lass mal gut sein, Kleines. Das ist mir zu anstrengend.»

Ich bringe Opa ein Tellerchen ans Bett, so wie früher. Wenn wir in unserem Schrebergarten übernachtet haben, bin ich abends noch mal rausgegangen und habe Erbsen, Radieschen, Möhrchen gepflückt, geputzt und für Opi auf einen Teller gelegt – zum Knabbern beim Fernsehen.

Jetzt lässt Opi nach drei Bissen den Löffel sinken. «Nicht mein Geschmack», sagt er, und ich weiß: Es liegt auch ein wenig daran, dass sein Gebiss nicht richtig sitzt.

Er ist überraschend entspannt – dafür, dass es schon spät ist und «fremde Leute» im Haus sind. Sonst besteht er immer schon ab 20 Uhr auf Nachtruhe, für sich und für Oma. Die ist bei ihrem dritten Pfännchen angelangt. Auch sie überrascht mich: durch ihre Favoriten. Meine Kartoffeln-mit-Soße-kochende Oma tut sich ausgiebig an Tabouleh und Guacamole gütlich und sogar am Pflaumenketchup. Sie nimmt auch noch Nachschlag.

Mein Herz frohlockt, Omas Appetitlosigkeit hatte Besorgnis erregende Ausmaße angenommen. Das einstmals kugelrunde Omilein ist in den vergangenen zwei Jahren ganz pieksig geworden. Kein Wunder, der Kummer frisst sie langsam auf. Auch Opa hat abgenommen, wiegt nur noch 55 Kilo. Grund genug für ein Dessert, befinde ich und bringe ihm eine Schokoladen-Orangen-Eistorte ans Bett.

«Ach, ich will das nicht», sagt er.

«Quatsch nicht, Opi. Du musst wenigstens probieren. Das hast du mir schließlich beigebracht.»

Dieser Logik kann er sich schwer entziehen, außerdem ist er ein Süßoholiker. Er sperrt seinen Mund auf und wartet auf den Silberlöffel. Wie ein Vögelchen, denke ich an Omas bevorzugte Beschreibung für ihn. Nach dem Stück Eistorte sieht Opa aus, als hätte er sich mit braunem Konturenstift geschminkt. Ich grinse, tupfe ihm das ungewollte Neunziger-Jahre-Make-Up mit einer Serviette weg und küsse ihn dann mit einem lauten Schmatzen. «So gefällt's du mir, Opilein.» Er lächelt, und ich bin zufrieden.

Im Esszimmer ist Oma in ein Gespräch mit meiner Freundin vertieft. «Na, Omi – gefällt dir das mit dem Raclette?», will ich wissen. Sie legt den Kopf zur Seite und sagt: «Ja, das ist ganz schön. Auch in so netter Gesellschaft. Können wir gleich morgen früh noch mal machen.» Ich freue mich sehr, denn das ist endlich mal einer von den leichten Wünschen.

Lebe jetzt und nicht später

Anfang April

Auch ins Internet würde Oma immer mal wieder gern, traut sich aber nicht so recht. Immerhin wurde sie in einer Zeit geboren, in der es noch nicht mal Fernsehen gab und nur ein Radio und Telefon in der ganzen Straße. Aber dafür bin ich ja da und habe mein Tablet dabei.

«Ich bin ja nun wirklich ein Laie», sagt Oma, «aber das ist schon doll, dieses Internet. Was das alles kann!»

Ihre Finger tapsen maximal unkoordiniert über das iPad. Ich helfe ihr und zeige ihr die Kommentare unter meinem Blog, das sich um sie und Opa dreht. Sie liest konzentriert. Dann setzt sie ihre Brille ab, drapiert sie auf dem Plastiktischset und massiert mit Zeigefinger und Daumen die Nasenwurzel. Schließlich sieht sie mich an und sagt: «Zu sehen, dass Leute da draußen Anteil nehmen, das bedeutet mir viel. Weil sie vielleicht in einer ähnlichen Lage sind und was durchmachen. So, wie diese Dame, die schreibt, dass sie gerade ihre Großeltern verloren hat.»

Ich wollte Oma und Opa teilhaben lassen an dem Mitgefühl und dem Interesse in diesem Internet, darum zeige ich ihnen die Kommentare. Und weil ich sie so wunderbar finde, habe ich sie auch noch ausgedruckt und in einen Ordner geheftet. Dann können Oma und Opa, wenn mein Tablet und ich mal nicht da sind, darin blättern, sich Mut und Kraft holen. Oma zwirbelt die Brillenbügel zwischen ihren Fingern. «Wie es wirklich ist – das kann man erst verstehen, wenn man selbst in dieser Situation ist. Ich hoffe aber, dass die Leute vielleicht darüber nachdenken, dass es ihnen auch passieren könnte und man es dann doch irgendwie schafft. Gemeinsam. Meistens jedenfalls.»

Opa ruft nach seinen Pillen, und Oma lässt die Brille liegen. Als sie von nebenan zurückkommt, spricht sie nahtlos weiter: «Aber ich will nicht klagen, es gibt Schlimmeres. Und dass es hier auch noch schlimmer werden kann, darüber denke ich jetzt nicht nach. Das kann man nicht bestimmen. Was kommt, das kommt sowieso. Ob ich nun damit einverstanden bin oder nicht.»

Ich lege ihr die Hand auf die Schulter und hoffe so sehr auf Aufschub. Dann setze ich mich zu Opa ans Bett, um ihm ein paar Sätze vorzulesen. «Musst du denn den Leuten alles erzählen?», fragt er. Er atmet gleichmäßig, mit fauchendem Luftstrom im Resonanzraum seines offenen, immer öfter gebissfreien Mundes. Sein starrer Blick streift mich bloß. Doch dann sieht er mich an und fragt: «Was schreibst du denn da immer – Kurzgeschichten? Das hast du ja schon früher gern gemacht. Bring mir doch mal eine mit.»

Ich preise innerlich Steve Jobs und halte Opa mein iPad vor die Nase. Er liest nicht, aber er sieht meinen Namen über einem Artikel mit einem bekannten Logo, und in seinen Augen blitzt es. «Ist ja doch was aus dir geworden. Verdienst du denn auch genug?»

Ich muss lachen. Opa, das Kriegskind, hat sich schon immer am meisten Sorgen ums Geld gemacht. «Ach, ich komme zurecht, Opilein.»

Mit einem Kuss auf ihre grauweißen Locken verabschiede ich mich ein, zwei, drei Stündchen später von Oma. Sie holt tief Luft. «Vielleicht kannst du den Menschen im Internet ja noch was von mir ausrichten.» Ich halte in meiner Umarmung inne. Mit fester Stimme sagt Oma: «Lebt jetzt und nicht später. Jetzt, jeden Tag – was ich versäumt habe. Ich hätte mehr leben und auch mehr an mich denken sollen.» Sie seufzt. «Zeit kann man nämlich nicht zurückholen.»

Wie wahr, denke ich, und Mitgefühl durchflutet mich. Omas ganzes Leben stand von Anfang an im Dienste anderer. Sie war das älteste von sieben Kindern und musste schon früh auf die anderen aufpassen. «Seit ich denken kann, hatte ich ein Kind auf der Hüfte», hat sie mir mal erzählt. Kein Wunder, dass sie keine Puppe hatte. «Ich bin auch immer für meine Mutter einkaufen gegangen. Oh, und das war so weit! Da musste ich ganz schön lange laufen und schwer schleppen. Aber ich musste, ich war ja die Älteste, das wurde von mir erwartet. Ich hätte lieber was anderes gemacht, ich wäre lieber mit den anderen Kindern spielen gegangen.»

Wenn sie mal Zeit für sich wollte, musste sie schummeln. «Am liebsten habe ich gelesen, das mochte ich zu gern, aber das ging ja nicht. Also habe ich mich manchmal davongeschlichen, auf den Boden im Stall, zwischen die Kaninchen, und habe die Bibel mitgenommen. Das war das einzige Buch, das wir hatten und das einfach so rumlag. Was anderes gab's nicht.» Und dann kamen der Krieg und die Flucht und ein neues Leben in Not und Hunger, da war zum Lesen und Spielen keine Zeit. Es ging ums Überleben. Der Krieg hat ihre kurze Kindheit beendet und alle Träume geraubt. «Na, zum Glück bin ich mit dem Leben davongekommen und habe überhaupt lesen und schreiben gelernt», sagt Oma immer. «Vergiss nie, wie gut es dir geht, dass du nie einen Krieg erleben musstest.»

Ich erinnere mich daran, wie ich sie als Kind oft gefragt habe: «Was wünschst du dir am meisten auf der Welt, Oma?» und dabei meine eigenen Wünsche im Kopf hatte – ein Pony, Puppen, ein Baumhaus. Omas Antwort war immer gleich: «Dass nie, nie wieder ein Krieg kommt. Und dass wir alle gesund bleiben.» Wie recht sie hat. Mit allem.

Die Gnade des Nichtwissens

Mitte April

«Opa sieht in letzter Zeit etwas trübe aus.» Oma hält kurz inne, damit ich ihr die Augentropfen verabreichen kann. Ihre Augen sind entzündet, es wird aber schon besser. «Er sagt immer wieder, ich soll auf ihn aufpassen. Also … Manchmal kommt es mir so vor, als hätte er Angst.»

Ich tupfe ihr die überschüssige Flüssigkeit, die wie Tränen über ihre Wangen rinnt, mit einem Stofftaschentuch ab. «Wovor denn, Omi?» Sie kneift die Augen zusammen und lässt sie geschlossen. «Du weißt schon.» Wir schweigen.

Ich weiß. Ich wünschte, ich wüsste es nicht. Leise gehe ich nach nebenan ins Schlafzimmer, Opi hat gerade gedöst. Als er mich sieht, strahlt er, obwohl sein Gesicht nur noch Minimalregungen zulässt. Seine blauen Augen schimmern milchig, aber sein angedeutetes Lächeln füllt mein Herz mit Liebe. Ich beuge mich über ihn, küsse ihn und strahle zurück.

«Wie geht es dir denn heute, schönster Opa der Welt?» Meine Stimme ist frei von Sarkasmus. Es ist die Wahrheit, meine Wahrheit.

«Ach ja. Es geht so.»

Es beginnt wie unser Standard-Dialog, aber diesmal hake ich nach: «Also nicht so gut?»

«Na ja ...» Er zuckt fast unmerklich mit den Schulterchen.

«Was ist denn los, Herzens-Opi? Wo drückt der Schuh?» frage ich und nehme seine Hand. Ich weiß nicht, ob ich es wissen will, ob mir die Antwort gefallen wird – ach, natürlich wird sie es nicht –, aber einer muss ihn ja fragen. Und das bin ich, wie immer.

«Ach, der Doktor war ja neulich hier, und er hat gesagt, das wird wohl nichts mehr mit dem Aufstehen.» Opa blickt verzagt und hilflos und ausnahmsweise direkt in meine Richtung.

Selbstverständlich hat der Neurologe recht. Aber kann er das nicht für sich behalten, muss er es ihm so deutlich sagen? Ich bin davon überzeugt, dass Opa tief innen drin Bescheid weiß. Aber er braucht die Illusion, das kleine Flämmchen Hoffnung, das bisschen mutwilligen Optimismus, das Fitzelchen Verdrängung, das ihm von Tag zu Tag hilft und ihn alles ertragen lässt. Dieses «Heute nicht, aber eventuell morgen» ist nun zerplatzt, die Illusion verflogen, die Schicht hat einen tiefen Riss bekommen. Er ist für den Rest seiner Tage nun offiziell und unleugbar ans Bett gefesselt. Möglicherweise sind seine Augen darum so matt.

«Pffft! So ein dusseliger Arzt», murmele ich und beeile mich, die kleine Stelle an Opas Fuß zu prüfen, die vom Liegen und Scheuern kommt und keinesfalls in Dekubitus ausarten soll. Mein innerer MacGyver hatte vor zwei Wochen ein Nackenhörnchen genommen und Opas Unterschenkel so darauf drapiert, dass die Ferse einen Zentimeter in der Luft hängt und Oma ihn eincremen kann. Die Stelle ist fast weg, ich werte das als Erfolg, und an dieses Gefühl klammere ich mich jetzt.

«So was würden sie im Heim nie machen, da haben die gar nicht die Zeit für», kommentiert Oma die Konstruktion. «Da werden die Leute in dunklen Gruppenzimmern eingesperrt, betäubt und abgefertigt. Da kümmert sich keiner. Und darum bleibt Opa auch hier, solange ich das irgendwie kann.»

Hinter geschlossenen Lidern kann ich fühlen, wie diese Zeit verrinnt. Und was dann? Wie wird es sein, wenn Oma wirklich nicht mehr kann?

Sie schlappt wieder in die Küche. Ich bleibe im Schlafzimmer zurück – mit Opa und der Wahrheit, die sich wie ein kaltes Seil um mein Herz schlingt. Anders als üblich nimmt Opa unser Gespräch von sich aus wieder auf: «Dabei dachte ich eigentlich, ich könnte bald noch mal aufstehen und losgehen.»

Ich wundere mich. So viel Elan, so eine aktive Regung habe ich in seiner Stimme seit Ewigkeiten nicht mehr gehört. Meint er das ernst?

«Losgehen? Aber wo willst du denn hingehen, Opi?»

Er blickt an die Decke und sagt nach ein paar Momenten: «Ich weiß nicht. In die Heide vielleicht.»

Ich muss schmunzeln. «Warum in Dreiteufelsnamen ausgerechnet in die Heide?»

Er augenschmunzelt zurück: «Na, da war ich halt noch nie.»

Oma bringt seine abendliche Tablette, schnippt sie mit flüssiger Bewegung in seinen offenen Mund und reicht ihm im selben Schwung den Strohhalm-Becher. «Ach, Opa – nun erzähl doch nicht immer so was! Hör auf zu tüdeln.»

Doch sie kann sich ein gehuschtes Lächeln nicht verkneifen. Und ich mache mir eine innere Notiz: Opa kann zwar nicht mehr laufen, aber sitzen. Es muss doch eine Möglichkeit geben, diesen Menschen, diesen ehemaligen Kraftfahrer, in die Heide zu kriegen. Bald haben Opa und ich Geburtstag, am selben Tag. Und ich denke: Möglicherweise habe ich eine Idee, was ich ihm schenken könnte.

Opas bestes Hemd

Anfang Mai

«Sind Sie der Vater?» die Krankenschwester fängt den aufgeregten 47-Jährigen mit Blumenstrauß auf dem Flur ab. «Jaja!», ruft er. Es ist 1977, und er ist grad mit dem Taxi direkt von seiner eigenen Geburtstagsparty in die Frauenklinik gehetzt, wo seine Tochter soeben sein erstes Enkelkind zur Welt gebracht hat: mich. Dass die Schwester eigentlich nach dem Vater des Babys gefragt hat, daran denkt er in diesem Moment nicht. Doch sein hastiges «Ja» sollte eine Prophezeiung sein und Opa für mich zur Vaterfigur werden.

Meine Mutter ist jung und ungewollt schwanger geworden, und meinen biologischen Vater habe ich nie kennengelernt. Das war in den wilden siebziger Jahren einerseits nicht unüblich, andererseits dennoch eine heikle Sache. Vor allem für Oma und Opa, die zeitlebens stets darauf geachtet haben, dass ordentliche Gardinen an den Fenstern hängen. Ihr immer wiederkehrendes Motto: «Was sollen denn die Leute denken?»

Meine Großeltern selbst waren Mitte zwanzig, als sie das erste Mal Eltern wurden. Meine Mutter wurde zuerst geboren und war das größte Geschenk für Oma und Opa. «Ich war so glücklich, als deine Mutter zur Welt kam», erzählt Oma öfter. «Ich habe immer Kinder gewollt, und sie war so ein süßes Mädchen.»

Wie für alle Erstgeborenen war die Sache mit der geteilten Aufmerksamkeit aber nicht ganz leicht für meine Mutter, als drei Jahre später ihr kleiner Bruder zur Welt kam. Und in dem Moment, als bei ihm erblich bedingter Diabetes diagnostiziert wurde, rückte sein Wohlergehen in den Mittelpunkt und meine Mutter wurde zum Schattenkind. Ich war nicht dabei, ich weiß nicht, was bis zu meiner Geburt passierte. Ich weiß nur, dass es für alle über Jahre hinweg anstrengend, kompliziert und schwierig war. Meine Großeltern, kriegstraumatisiert, mit begrabenen Ängsten und immer wieder aufbrechenden Reflexen, emotional an einigen Stellen unzulänglich, hart arbeitend, ein behindertes Kind und eins, das deshalb zu wenig Aufmerksamkeit bekam. Es war schwer für alle, aus verschiedenen Gründen. Und über die Schwangerschaft meiner Mutter war Opa wütend und hat neun Monate lang kein Wort mit ihr gesprochen. Bis zu dem Tag meiner Geburt, seinem Geburtstag, an dem wir beide so was wie ein Herz und eine Seele wurden. Was auch immer sich das Schicksal dabei gedacht hat.

Auf den Tag genau 37 Jahre später. Opa ist 84 geworden, soeben auf den Toilettenstuhl gegangen, sitzt im knallblauen und mit roten Rosen bestickten Hemd und Windel an der Kante seines Pflegebettes und lacht lautlos, aber sehr herzlich. Gerade hat Oma einen recht unsensiblen Witz über seine nicht vorhandenen Zähne gemacht. Es ist dem rustikalen Familienhumor zu verdanken, dass wir ihn alle trotzdem lustig finden. Sonst lacht Opa nicht so oft. Seine Gesichtsmuskulatur ist versteift, er selbst oft lustlos. Parkinson und Demenz haben den Mann, der nach eigener Einschätzung früher aussah wie Cary Grant, in jeder Dimension eingehen lassen und bettlägerig gemacht. Darum feiern wir auch keine Party mehr. Es gibt nicht mal Kaffee und Kuchen für die wenigen verbliebenen Onkel, Tanten und Cousinen. Das wäre zu anstrengend für ihn. Und nicht nur für ihn.

«Ich kann das nicht mehr, Kind», sagt Oma in ihrem schlackernden Blümchenkittel. «Ich hab einfach keine Lust. Wirklich nicht.» Ich umarme sie vorsichtig. «Schon gut, Omi. Muss ja auch nicht.» Statt eines Schnittchen-Buffets gibt es Hühnerfrikassee, statt selbstgemachter Philadelphia-Torte gekaufte Sahneteilchen. Zu Gast sind nur meine Schwester und ich.

Natürlich könnte ich jetzt in Rio sitzen, in Rom oder in Reykjavik. Aber seit diesem 10. Mai 1977 haben Opa und ich nicht einen einzigen unserer Geburtstage getrennt verbracht. Es könnte der letzte sein, wispert die Stimme in meinem Kopf wie jedes Jahr, ganz ähnlich wie zu Weihnachten. Und: Wie soll ich, wenn Opi mal nicht mehr hier ist, je wieder Geburtstag feiern? Ohne ihn? Ich weiß es nicht, will es nicht wissen und jage den Arschloch-Gedanken raus in den Regen.

Opa hat sich hingelegt, seine Hand ruht in meiner. Er zittert fast unmerklich. Ich betrachte ihn eingehend, wie er so daliegt, ganz still. Die Augen zu, ein Krümelchen Sahneschnitte auf seinem bestickten Hemd, das ich ihm zu Weihnachten geschenkt habe und das Oma ihm extra für unseren Tag angezogen hat.

Eigentlich wollte ich ihm einen Ausflug in die Heide spendieren. Doch das hätte mit dem medizinischen Fahrdienst 450 Euro gekostet – zu viel für uns. Wir holen es nach, irgendwann. «Na, das Wetter ist sowieso scheiße», bemerkt Oma pragmatisch und tätschelt meine Hand. Stattdessen habe ich Opa Tomaten- und Erdbeerpflanzen für den Balkon besorgt. Er kann zwar nicht mehr selbst gärtnern, aber wenigstens davon essen.

«Herzlichen Glückwunsch zum Geburtstag, bester Opi der Welt», sage ich noch mal, reiche ihm die Pflanzen und küsse ihn auf die Wange.

«Ja, für dich auch, für dich auch, Kleines.»

«Freust du dich über dein Geschenk?»

«Jaja, natürlich.» Das höchste zu vernehmende Lob in Sachen Geschenke aus Opas Mund. Sonst alterniert sein Urteil stets zwischen «Was soll ich denn mit *dem* Scheiß?» und «Das kannst du gleich wieder mitnehmen.» Nur einmal, als ich ihm einen selbstgebastelten Kaktusgarten als Trost für die Aufgabe seines Schrebergartens schenkte, hat er sich über ein Geschenk von mir gefreut. Grundsätzlich gilt: Mit Nutzpflanzen kann man bei Opa nicht allzu viel falsch machen.

Ich lächle ihn an. «Was hättest du dir denn noch so zum Geburtstag gewünscht, Opa?» Mit wasserblauen Augen schaut er durch mich hindurch. «Ach. Eigentlich bloß Gesundheit.»

Das Einzige, das ich ihm nicht schenken kann. Dabei würde ich so gern. Denn so habe ich mir dein Altwerden nicht vorgestellt, Opi. Ich hatte immer ganz andere Vorstellungen davon. Ich dachte, du sitzt mit Omi auf der kleinen Bank vor dem grünen Schuppen. Ihr guckt händchenhaltend in die schrägen Sonnenstrahlen, die durch die zu hohen Grashalme glitzern, auf das weiße Gartenhaus, euer Gartenhaus. Auf die Obstbäume und die Hasen im Stall. Urenkel spielen auf der Schaukel, die du vor langer Zeit selbst aufgebaut hast, Apfelkuchen steht auf dem Gartentisch. Ich dachte, ihr würdet bloß ein bisschen gebrechlich und ein wenig tüdelig, dass wir euch im Garten helfen und manchmal im Haushalt. Und dann, eines Tages, schlaft ihr einfach ein und wacht nicht mehr auf. Vielleicht sogar lächelnd, wahrscheinlich aber schnarchend. So, wie man sich dieses «zusammen alt werden» eben vorstellt, wenn man naiv, romantisch und bescheuert ist.

Die Realität sieht anders aus. Du sitzt nicht auf einer Bank, sondern auf einem Toilettenstuhl. Du guckst nicht auf ein Gartenhaus, schon lange nicht mehr, sondern am Fernseher vorbei. Das Einzige, das schaukelt, ist dieser dreieckige Galgen über dem Pflegebett. In der Realität ist alles voller Körperflüssigkeiten und stufenweiser Zurückentwicklung, und wenn es beiden nicht gut und dem einen noch viel schlechter geht, ist der andere trotz Ehe und gemeinsam gelebten Lebens in letzter Konsequenz allein. Man kann sich nicht gegenseitig helfen. Ich wünschte, ich könnte. So sehr.

Ich wünschte, ich könnte machen, dass du wieder aufstehen kannst, Opi. Dass du wieder mit deinem schwungvollen Gang und den Händen in der Tasche auf mich zukommst. Den Kopf etwas nach vorn geneigt unter deinem Hut. Dass wir wieder zusammen einkaufen gehen und du mich daran erinnerst, jedes Mal den Bon zu überprüfen. Ich wünschte, ich könnte dein Lachen noch mal hören und es mir einprägen. Ich wünschte, ich könnte deinen Dauerkatheter überflüssig machen und dass du wieder alleine auf Toilette gehen kannst. Du hast dich immer so geniert, und jetzt wischen dir andere Leute den Hintern ab und kontrollieren diesen Schlauch und deine Windel. Ich wünschte, ich könnte die Verkalkung aus deinem Gehirn löschen, die dir Angst macht, weil du nicht mehr weißt, was real ist. Ich wünschte, ich könnte dir deine raumgreifende Unterschrift wiedergeben, mit der du so viele Dokumente und Briefe unterzeichnet hast und den Antrag dafür, dass ich mit 15 offiziell ganz zu euch ziehen konnte. Doch alles, was ich machen kann, ist hier sitzen und deine Hand halten und so tun, als wäre das alles ganz normal.

Oma bringt das Hühnerfrikassee, ich bleibe auf dem Toilettenstuhl sitzen, an Opas Seite. Wir essen gemeinsam. Der zarte Uringeruch stört mich schon lange nicht mehr. Verwunderlich, woran der Mensch sich so gewöhnen kann. Danach helfe ich Opa nur ein wenig dabei, noch ein Sahneteilchen zu verdrücken. Er mampft alles auf und lässt nicht mal mehr einen Krümel auf dem Teller. Er wirkt glücklich, wenigstens zufrieden, zumindest in diesem Moment und in meinen Augen. Als ich am frühen Abend nach Hause fahre, um mich mit meinen Freunden zu treffen, denke ich: Das war ein schöner Geburtstag. Trotz allem.

Fremdes Geld

Ende Mai

Ein paar Wochen später geht es schon wieder darum, was die Leute denken. «Wir können doch kein Geld von Fremden annehmen! So weit kommt's noch!» Vor lauter Entrüstung zuppelt Oma einen locker sitzenden Kittelknopf ab. Ich habe ihr soeben erzählt, dass einige Leser meines Blogs Opas Wunsch vom Heide-Ausflug gern mit Spenden unterstützen würden.

Auch der zu Bespendende selbst ist skeptisch: «Was soll das? Du bettelst doch hoffentlich keine fremden Leute an.» Seine Runzelhände kneten hektisch das Taschentuch. Ich seufze. Oma und Opa sind in einer anderen Welt groß geworden. Für sie fällt Geld von Fremden annehmen in dieselbe Kategorie wie keine ordentlichen Gardinen haben – unvorstellbar, ausgeschlossen, eine moralische Bankrotterklärung. Hilfe annehmen, das hat diese Generation nicht gelernt.

Es war kompliziert und hat ewig gedauert, bis Oma mit Hilfe meiner Schwester überhaupt Pflegegeld beantragt und regelrecht lächerlich lange, bis sie mit ihrem kaputten Herzen wenigstens eine wöchentliche

Putzhilfe zugelassen hat – nämlich jetzt gerade erst. Sie kommt einmal die Woche und macht sauber, manchmal sitzen sie und Oma dann noch ein bisschen am Fliesentisch und knabbern zusammen Pistazien. Bis dahin hat Oma unter größter Anstrengung alles selbst gemacht – sogar staubsaugen –, obwohl sie schon längst nicht mehr konnte. Es war nicht leicht, Oma von einer Haushaltshilfe zu überzeugen; alles mit den eigenen Händen zu erledigen ist Teil ihrer Identität. Aber irgendein Fünkchen in Oma scheint zu begreifen, dass es darum nicht mehr geht, dass Stolz hier ins Verderben führt. Mehr ins körperliche als ins moralische, aber dennoch.

Warum tun sich meine Großeltern mit Hilfe so schwer? Ich habe da meine eigene Theorie. Der von Nazi-Deutschland angezettelte Krieg, der in Omas und Opas Kindheit und Jugend wütete, und seine Folgen haben diese beiden Menschen mehr als alles andere geprägt. «Nach der Flucht musste ich jeden Tag bei den reichen Obstbauern betteln gehen. Meine Mutter hat mich losgeschickt, weil ich die Älteste war. Aber die haben uns nichts gegeben, die Sauhunde, die waren so geizig. Dabei hatten sie genug, die ganzen Regale waren voll. Aber für die waren wir nur Pack, verlauste Flüchtlinge. Das war eklig, ich kann dir sagen.» Aber ohne das von ihr erbettelte «Kantchen Brot» oder das «Tütchen Kirschen» hätte ihre Familie die harten Jahre von 1946/47 nicht überlebt. Oma wäre hier im Westen fast verhungert, weil die jüngeren ihrer zahlreichen Geschwister zuerst dran waren und für sie selbst trotz harter Arbeit einfach nichts mehr übrig blieb.

«Irgendwann spürst du den Hunger gar nicht mehr, das ist ganz komisch», erzählt sie immer. Und dass ihre Mutter den völlig entkräfteten Teenager mit zerkautem Brotkanten und Zucker zwangsernähren musste. «Sonst wäre ich wohl hopsgegangen», beschreibt Oma ihr Leid jedes Mal auf betont lapidare Weise. Den Vater und den jüngsten Sohn hatten sie auf der Flucht irgendwo in einem Ort namens Mehlsack verloren; sie kamen erst Ende der Vierziger nach Hamburg. Von da an ging es langsam bergauf. Mit der jungen Republik, die ihre grausame, schuldbeladene Vergangenheit nicht schnell genug vergessen konnte, und mit Omas Familie, die im Kleinen dasselbe versuchte.

Opa lernte Oma 1954 kennen, auf einer Tanzveranstaltung in der Nähe des Hamburger Hauptbahnhofs, im Tanzlokal Tegernsee. «Ach, ich dachte anfangs, das ist nur so larifari. Ich war ja noch gar nicht so weit, ich wollte nicht heiraten», erzählt sie. Aber Opa, die Oma einmal am Haken, ließ nicht locker. «Wir haben uns oft getroffen und sind ausgegangen, er war sehr charmant. Er rief immer an und brachte mich nach Hause. Er hatte nichts, genau wie ich, darum passten wir gut zusammen. Und er war ja nun alleine hier; seine Familie war in Ostpreußen geblieben, deshalb tat er mir auch ein bisschen leid.»

Opa hatte seine Teenagerjahre in russischer Kriegsgefangenschaft verbracht; bis er 1949 in Berlin entlassen worden war und sich zu Fuß auf den Weg nach Hamburg gemacht hatte, zu seinem Onkel Fritz. Er fand Arbeit beim Kartoffelbauern, machte seinen Führerschein – und traf Oma. Als ihre Familie ihn schließlich kennenlernte, war die Überraschung groß: «Mein Vater hat gesagt, ‹Den nimm man›, denn er hatte mit Opas Großvater im Kutschstall zusammen gearbeitet und Opas Schwester ist mit einer meiner Cousinen befreundet gewesen. Die kannten sich alle.»

Und so nahm sie ihn, den Opa. Sie zogen zusammen in eine Baracke im Südosten Hamburgs, sie verlobten sich an Weihnachten, sie heirateten Ende August und feierten in ihrer bescheidenen Behausung. Sie standen noch ganz am Anfang eines gemeinsamen Lebens.

Ein halbes Jahr nach der Geburt meiner Mutter war die junge Familie dann für ein paar Tage quasi obdachlos. Opa hatte seinen Job in einer Kistenfabrik gekündigt, um Privatchauffeur zu werden, und verlor damit auch den Anspruch auf die kleine Hütte. Der Chef wollte sie rausklagen. «Aber wir hatten ja grad erst ein kleines Kind, darum durften wir ein paar Wochen länger bleiben», erzählt Oma. Weil sie aber noch nicht genügend Punkte gesammelt hatten, hatten sie keinen Anspruch auf eine richtige, eigene Wohnung und sollten in eine Flüchtlingsunterkunft, eine alte Kaserne an der Bundesstraße. «Das war so schmutzig, dunkel und hat so gestunken und da waren Stockbetten, das habe ich nicht ausgehalten. Da bin ich direkt wieder raus.» Zu Omas Eltern nach Beckdorf konnten sie nicht, weil Opa ja in der Stadt arbeiten musste. Sie sind dann zu einem anderen Onkel in die Habichtstraße – für den Zeitraum, in dem er im Urlaub war. Bis sie schließlich kurz darauf endlich eine eigene Wohnung bekamen, in der sie heute – 58 Jahre später – noch immer wohnen.

Mit gesenktem Kopf fixiert Oma die Hände in ihrem Schoß, die ein ganzes Leben mit Arbeit zugebracht, geputzt, geerntet, gewaschen haben. «Ich möchte nichts mehr von Fremden nehmen», flüstert sie. Opa hat die Augen zu und atmet geräuschvoll. In jüngster Zeit ist er nachts wieder öfter wirr, fegt halbbewusst mit wilden Händen die Sachen von seinem Nachttisch, deckt sich ab, will aufstehen und irgendwo hingehen. Wohin, weiß er selbst nicht, aber weg. Er guckt mich an. «Ach, die Oma erzählt schon wieder alte Geschichten.»

Sachte nehme ich Omas Hände in meine. «Ich weiß, das war schlimm. Zum Glück ist das lange vorbei, Omi. Jetzt stell dir aber mal vor, die Bauern hätten damals freiwillig all ihre Kirschen und Brotkanten gesammelt und sie von selbst zu eurer Flüchtlingsunterkunft gebracht. Mit guten Wünschen und einer Schleife drum. Wie wäre das gewesen? Immer noch eklig?»

Ihr Daumen drückt auf meiner Handfläche herum. «Nein. Was anderes, sicher.»

Und so erkläre ich ihnen das Prinzip Crowdfunding. «Wir betteln nicht, Omi. Die Idee kam ganz allein von den Menschen da draußen, und sie wollen gerne helfen, damit Opa mit dem medizinischen Transport einen Tag lang in die Heide kann. Und wir mit ihm», sage ich.

Opas Augen blitzen plötzlich wieder so spitzbübisch: «Bezahlen die uns dann auch Kuchen mit Schlagsahne?»

Oma gibt ihm einen Klaps auf die Decke. «Opa! Nun werd mal nicht gierig.»

Ich muss grinsen. «Nee, den bezahle ich dir. Kann ich mir gerade noch leisten.»

«Na, dann kannst du ja wohl auch mal anfangen, deinen Führerschein zurückzuzahlen.» Diesen Witz macht er seit fast zwanzig Jahren, den wird er wohl nie vergessen. Ich kichere trotzdem, aus Nostalgie und Liebe.

Schließlich nimmt Oma seine Hand. «Na gut, dann probieren wir das. Oder, Opilein?» Obwohl sie seit einigen Jahren alles entscheidet, sucht sie noch immer seine Zustimmung.

«Ach, ihr macht doch sowieso, was ihr wollt», brummt er. Dass dann am Ende doch nichts daraus werden sollte, liegt an der Tatsache, dass das Blog über einen Verlag läuft und ich das Crowdfunding zu diesem Zeitpunkt nicht privat organisieren kann, und nicht an Oma und Opa. Immerhin.

Gebt den Alten Wasser

Anfang Juni

«Opa ist im Krankenhaus.» Mit diesem Anruf fing alles an – vor zwei Jahren mitten im Sommer, an einem der wenigen Tage mit deutlich mehr als 30 Grad in Hamburg.

Opa hatte offenbar nicht genug getrunken. Er wurde bleich, stammelte, dann fiel er einfach um. Meine Schwester, gerade bei meinen Großeltern zu Besuch, rief den Rettungswagen. Als Oma danach mich anrief, fuhr ich mit ihr ins Krankenhaus. Und lernte: Wenn es in unserer zivilisierten Welt einen Ort gibt, der der Hölle nahekommt, dann ist es die geriatrische Station. Mit dem Öffnen der Fahrstuhltür drang beißender Uringestank gewaltsam in meine Nase, und ich unterdrückte aufwallenden Brechreiz. Außer uns war niemand auf dem langen Flur. Keine Schwester, kein Besucher, erst recht kein Patient. Meine Turnschuhe quietschten auf dem Linoleum. Aus den Zimmern hörten wir hinter verschlossenen Türen Wimmern und vereinzelte Schreie, die nach Kindern klangen. Aber hier lagen keine Kinder, hier lagen erwachsene Menschen. Hier lag auch mein Opa. Nackt.

Das Krankenhaushemdchen hatte er sich ausgezogen und war im Begriff, sich eine Windel herunterzureißen. Er schaffte es nicht, seine Gliedmaßen ließen sich nicht kontrollieren. So wenig wie seine Sprache. Sein Mund formte Worte, zornige Worte, aber ich verstand ihn nicht.

«Um Himmels willen. Was ist denn los, Opi?» Als ich ihm meine Hand auf die Schulter legte, schlug er sie weg. Mein Opa erkannte mich nicht. Ein weiterer Zipfel riss von meinem Herzen ab.

Keine halbe Minute nach mir kam Oma ins Zimmer und schlurfte mit ihren spinalstenosegeplagten Beinen so schnell sie konnte direkt auf Opas Bett zu. «Aber Liebling, was machst du denn da?»

Hilfloses Knurren, Grummeln, Lallen. Er hatte sich den Infusionsschlauch herausgerissen, Blutflecken auf dem zerwühlten Laken. Und über allem der Gestank von altem Schweiß, vollen Windeln und Pisse. Oma und ich versuchten, Opa am Aufstehen zu hindern. Er wehrte sich, grölte Unverständliches. Er war wütend und niemand wusste genau, wieso. Der lose Plastikschlauch hatte sich um sein Fußgelenk geschlungen. Als Oma ihn davon befreien wollte, trat er nach ihr. Nach seiner Ehefrau. Der Mitpatient im Nachbarbett und dessen Besuch versuchten, nicht zu glotzen. Es gelang ihnen nur schwer. Uns gelang es hingegen nach minutenlangem Kampf, Opa endlich zu beruhigen. Die herbeigerufene Schwester ließ sich Zeit.

«Wieso trägt mein Großvater eine Windel? Als ich ihn das letzte Mal sah, konnte er noch ganz normal auf Toilette gehen.»

«Das hat die Ärztin angeordnet, so ist es besser für ihn.»

«Was ist eigentlich passiert?»

«Das muss Ihnen nachher die Frau Doktor erklären.»

Und das tat sie dann auch.

«Ihr Opa war dehydriert, das hat wahrscheinlich den Kollaps ausgelöst. Alte Menschen vergessen oft das Trinken. Und er hat ein sogenanntes Durchgangssyndrom, das bekommen Menschen mit Demenz manchmal, wenn sie ihre gewohnte Umgebung verlassen.» Das habe einen Schub ausgelöst und sei der Grund für seine Verwirrung. «Keine Sorge, das legt sich wieder.» Eine Woche sollte er im Krankenhaus bleiben und mit Physiotherapie «wieder aufgebaut» werden.

Er hatte sich gefangen, der Infusionsschlauch war wieder ordnungsgemäß angeschlossen und festgeklebt. Nun lag er da und atmete flach. Genug Personal, um mit ihm auf den Toilettenstuhl zu gehen, gab es nicht, darum die Windel.

Mein ganzer Körper bebte und meine Seele auch. Ich musste rausgehen, schaffte es bis auf einen Balkon. Dort klammerte ich mich ans Gitter und krümmte mich mit aufgerissenem Mund, nicht mal mehr Tränen waren da. «Warum?», schrie ich stumm das Universum an oder Gott oder wer auch immer zuständig ist. Meine Lebenskapazitäten für Leid, Sorge und Kummer waren erschöpft. Schwarze, kalte Tinte floss von meiner Mitte aus in alle Winkel meines Körpers und lähmte mich. Ich konnte das so nicht mehr, und ich wollte das so nicht mehr. Ich wollte nur, dass endlich mal wieder alles gut sein würde, für ein paar Jahre. Und ich konnte nur hoffen, dass Opa nichts von alldem mitbekommen würde, dass er es vergessen würde, so wie er manchmal den Tag und das Datum vergaß. Und dass Oma es ertragen könnte, irgendwie. Und dass das, was auch immer da noch kommen möge, nicht dazu führen würde, dass einer von uns einfach verlischt.

«Ich glaub, mit Opa geht es bald zu Ende», flüsterte Oma beim Rausgehen mit schocktrockenen Augen. Sie hing schwer an meinem Arm, und auch meine Knie trugen mich kaum. Und das alles, weil er nicht genug getrunken hatte? Selbstredend spielten die fortschreitende Parkinson-Erkrankung und seine leichte Demenz die Hauptrolle in diesem Dehydratations-Drama. Aber vor diesem Tag im Sommer vor zwei Jahren war mein Opa ein normaler alter Mann gewesen. Nur ein wenig wacklig auf den Beinen, wegen des Parkinsons. Als er das Krankenhaus eine Woche später verließ, war er ein Pflegefall.

Daran denke ich, als ich mal wieder neben Opas Bett auf dem Toilettenstuhl sitze, Wasser in seinen Becher fülle und meinen Blick in seinem Katheterbeutel ertränke, während Oma hinter mir den Schlaf der tief Erschöpften schläft, und mich frage, wie es überhaupt so weit kommen konnte. Meine Gedanken verfangen sich in den wohlbekannten Horrorspiralen. Ich schüttle den Kopf, um sie zu lösen.

Einmal musste Opa seither für ein paar Tage in die Kurzzeitpflege, weil Oma im Krankenhaus untersucht und stationär aufgenommen wurde. In diesem Pflegeheim lag zwar kein Linoleum, sondern Teppich, aber hinter den Türen war ebenfalls leises Wimmern zu hören, und das Pflegepersonal hatte keine Zeit. Mag sein, dass wir in diesem Fall Pech hatten. Aber wenn es im durchschnittlichen Pflegeheim auch nur ansatzweise so zugeht, wie in diesem Heim oder gar auf der geriatrischen Station damals, dann werden wir wohl alle eher gemeinsam zu Hause mit Opa zugrunde gehen.

Ich hole tief Luft und richte die Schultern auf. Ich glaube, es ist Zeit, dass ich mir selbst ein gründliches Bild mache. Ich bin kein guter Aufgeber.

Genau das sage ich auch Oma, als sie sich zehn Minuten später aus dem Bett hievt, um für Opa Essen zu machen. «Wir müssen uns wenigstens über Pflege-Einrichtungen informieren. Weißt du, Oma – man kann nicht wissen, wie es dort ist, wenn man es nicht selber genau überprüft hat.»

Sie runzelt die Stirn. «Da magst du recht haben, mein Kind.»

Ich nehme ihre Hand. «Oma, ich sehe doch, wie du hier Stück für Stück vor die Hunde gehst. Du schaffst das nicht mehr lange. Ich liebe Opa auch und würde es nicht ertragen, wenn es ihm schlecht geht. Aber ich kann es genau so wenig ertragen, dich so leiden zu sehen. Es muss doch eine Lösung geben, verdammt!», rufe ich, und meine Stimme bricht ab.

«Beruhige dich, Kind», sagt sie leise, «reg dich nicht so auf.»

Ich schlucke. «Weißt du Oma, lass mich doch einfach mal ein bisschen recherchieren. Ich schaue und höre mich um, sammle Informationen, und die gucken wir uns in Ruhe an. Und dann sehen wir weiter.» Dass ich einfach nicht mehr nichts tun kann, sage ich ihr nicht. Sie weiß es auch so. «Vielleicht», ich umklammere den Silberstreif mit meinem ganzen Selbst, «ist es im Pflegeheim doch gar nicht so schrecklich. Vielleicht gibt es ein schönes, irgendwo, und wir müssen es bloß finden. Nur ganz vielleicht.»

Reine Müdigkeit guckt mich durch fettverschmierte Brillengläser an. «Gut, Kind. Dann mach. Vielleicht ist es ja doch eine Möglichkeit. Wer weiß.»

Ich bin nicht sicher, ob sie es ernst meint.

Kaum zu Hause, mache ich mich auf die Suche nach Pflegeheimen, nach Informationen. Doch das ist nicht so einfach, wie ich gehofft habe. Es gibt – und das erstaunt mich – beinahe unzählige Pflegeheime in Hamburg. Es ist fast wie eine geheime Parallelgesellschaft. Sobald ein Mensch ernstlich pflegebedürftig wird und die Familie nicht mehr helfen kann, verschwindet er in einer dieser Einrichtungen zwischen seinesgleichen. Weit über 700 000 Menschen in Deutschland leben vollstationär in Pflegeheimen – das ist mehr als die Einwohnerzahl Frankfurts. Und das ist nur ein kleiner Teil: Zwei Drittel der Pflegebedürftigen werden zu Hause von Angehörigen gepflegt. Von Angehörigen wie Oma, bis zur Selbstaufgabe. Ich seufze und gucke weiter.

Alle Heime präsentieren sich auf ihren Websites modern und fortschrittlich, hell und freundlich. Der Mensch stehe im Vordergrund und Mittelpunkt, lese ich immer wieder in verschiedensten Variationen, überall Bestnoten vom medizinischen Dienst der Krankenversicherungen. Was ich jedoch auch lese: Diese Noten sagen rein gar nichts darüber aus, ob die Menschen in den Pflegeheimen wahrhaftig gut behandelt werden, ob das Personal genug Zeit hat, sie nicht nur im Akkord notdürftig zu versorgen, sondern auch zu betreuen. Mit Menschlichkeit. Auf wieder anderen Seiten steht, man solle schlau sein, Pflegeheime unangekündigt besuchen und sich herumführen lassen. Und nachschauen, ob die Bewohner rasiert seien und ob es nach Urin rieche, sich mit dem Personal unterhalten.

Aber geht das so einfach, irgendwo reinspazieren und Leute ausquetschen? Ich bezweifle es und versuche, meinen verspannten Nacken mit einer Hand zu massieren, meine Lider brennen. Selbst für mich ist es schwer, einen Überblick zu bekommen. Wer hilft wobei? Es gibt private Service-Anbieter und Krankenkassenseiten und das Familienministerium und die Behördenseiten der Stadt Hamburg und den Pflegestützpunkt. Es ist alles so kompliziert und verwirrend. Nach zwei Stunden gebe ich auf. Ich habe drei Adressen notiert und glaube nicht, dass ich sie benutzen werde.

Oma geht es am Tag darauf wieder besser. Und wie immer, wenn es ihr zur Abwechslung etwas besser geht, sträubt sie sich so vehement gegen das Konzept Pflegeheim, als ginge es um Leben und Tod. Tut es auch – bloß anders, als sie denkt. «Nein, Kind. Solange ich das noch schaffe, schaffe ich das noch.»

Was machen wir mit Opa?

Ende Juni

«Entweder fährst du hin oder ich», sage ich zu meiner Großcousine am Telefon. Es ist schon spät und sie hat zwar keinen Schlüssel, wohnt aber nur fünf Autominuten von Oma und Opa entfernt. Seit Stunden ist bei meinen Großeltern dauerbesetzt, Oma hat den Hörer wieder nicht richtig aufgelegt. An sich kein Grund zur Beunruhigung, doch heute Mittag erzählte mir meine Schwester: «Omas Quick-Wert ist nicht gut, ihr Blut ist viel zu flüssig.» So flüssig, dass Oma von innen verbluten könnte.

Verantwortlich dafür ist das Medikament Marcumar, notwendiger Klassiker für Kassen-Herzpatienten und Stent-Besitzer. Wacklig soll sie auf den Beinen gewesen sein heute Morgen und so verwirrt, dass sie sogar die PIN ihrer Bankkarte vollständig vergessen habe. «Die Ärztin hat gesagt, wenn es nicht schnell besser wird, muss Oma ins Krankenhaus», sagte meine Schwester in nebligem Ton. Am Telefon schob sich Stille zwischen uns. Und dann war sie wieder da, diese tonnenschwere Frage, die immer über unseren Köpfen und in unseren

Herzen hängt. Wenn das passiert, was machen wir dann mit Opa?

Zu Hause pflegen ist schwierig, ein 24-Stunden-Job. Das ginge nur, wenn man aus dem Stand alles andere liegen ließe und mit externer Hilfe. Aber gegen beides hat Oma sich bislang immer gesträubt. «Ich will nicht, dass fremde Leute hier herumwühlen. Kommt überhaupt nicht in Frage. Und ihr lebt schön weiter euer Leben. Ihr müsst doch arbeiten und alles. Nein, nein. Das will ich nicht haben. Auf gar keinen Fall», sagt sie immer wieder. Ich möchte schreien. Wie soll man jemandem helfen, der sich nicht helfen lassen will?

Das Telefonklingeln schreckt mich auf. Es ist meine Großcousine, sie ist zwischenzeitlich dankenswerterweise zu Oma gefahren, um nachzugucken, warum die ganze Zeit besetzt war und ob alles okay ist: «Es geht ihr gut. Sie hat schon geschlafen. Ich gebe sie dir mal.» Ein Stein von der ungefähren Größe des Himalayas rummst mir vom Herzen. Oma und ich sprechen zum zwanzigsten Mal über die sachgemäße Benutzung des Telefonapparates, über ihre Blutgerinnung, einen möglichen Klinikaufenthalt – und über Opa.

«Er muss dann wohl doch wieder in die Kurzzeitpflege.» Oma klingt mürbe, dann schweigt sie. Wir beide denken an das letzte Mal. Noch Tage später war Opa verwirrt und wusste nicht mehr, wo er ist. «Ich will das nicht, aber das wird wohl das Beste sein», sagt

Oma, und ich glaube ihr kein Wort. Kapituliert sie etwa?

«Und was sagt Opa dazu?», will ich wissen, die Hände klamm vor Sorge.

«Ach, Kind. Was soll er schon sagen? Er sagt, es nütze ja nichts. Aber er will auf keinen Fall wieder dahin, wo er letztes Mal war. Da war der Pfleger so blöd.»

Stimmt, das war er. Überarbeitet und zeitknapp, unfreundlich und bevormundend. Sagt Opa. Und sobald Besuch anwesend war, an fürsorglicher Freundlichkeit fast erstickend. «Jaja. Jetzt, wo du da bist, tut er so schleimig. Und dann lässt er mich hier wieder liegen. Warte mal ab.» Opa knetete sein Stofftaschentuch ganz aufgeregt. Er mag dement sein, aber ich glaube ihm immer. Das bin ich ihm schuldig; im Zweifel für den Dementen. Doch auch ich musste nach vielen Stunden irgendwann gehen und die Tür hinter mir schließen. Farbenfrohe Vorhänge, Teppich, ein Springbrunnen im Hof und bunte Bilder machen einen Menschen nicht glücklich. Ich ging, Opa musste bleiben.

Das System ist kaputt, wenn Menschen, die Helfen zu ihrem Beruf gemacht haben, denen, die ihre Hilfe brauchen, nicht richtig helfen können – weil aus ökonomischen Gründen die Zeit fehlt. Das ist auf allen Ebenen einfach so unfassbar falsch. Sie haben diesen Beruf doch ergriffen, weil ihnen Menschen am Herzen liegen. Und dann müssen sie sie jeden Tag enttäuschen, abkanzeln, abfertigen. Wie lange hält man das durch als Pflegekraft? Und als Patient?

Oma hört mein leises Schniefen. «Nun warte doch mal ab, Kind. Ich esse jetzt ganz viel Vitamin K, und in ein paar Tagen geht es mir besser. Du wirst schon sehen!» Hoffen ist immer eine Maßnahme. Manchmal ist es die einzige.

Duschen mit Opa

Anfang Juli

Ich weiß nicht, ob es tatsächlich das Vitamin K ist, nach Lehrbuch angewandte Schulmedizin, ein Wunder, Zufall oder bloß schierer Wille, aber: Omas Blutgerinnung pendelt sich unerwartet wieder ein.

«Frau Doktor hat gesagt, das geht gerade so in Ordnung», sagt Oma und nickt ein paar Mal zu oft.

Ich massiere meine Nasenwurzel mit Daumen und Zeigefinger und sage ... nichts. Ich bringe es nicht übers Herz, Warnungen und Mahnungen auszusprechen. Nicht jetzt. Denn Oma hat, kaum ist ihre Blutgerinnung wieder im Rahmen, ein neues Projekt zum Dran-Festhalten. Sie kann einfach nicht anders. Diesmal heißt es: Opa muss duschen, und zwar unbedingt und jetzt sofort.

«Das hat er seit fast zwei Jahren nicht mehr, ich habe ihn immer nur mit dem Waschlappen gewaschen.» Sie macht eine Pause. «Er riecht schon so, weißt du?»

Mir gefällt die Art nicht, wie sie in diesem Moment über ihn spricht, ihr Tonfall, aber ich weiß leider: Opa riecht latent säuerlich, obwohl Oma ihn nahezu täglich von Kopf bis Fuß mit Wasser und Seife wäscht und jede Falte eincremt. Dabei lässt sie gern Kommentare fallen wie: «Eine schöne Elefantenhaut hast du da, Opa!» Woraufhin er lapidar antwortet: «Glaubst du, du siehst anders aus?» Ja, es ist Liebe.

Absolut ausgeschlossen, dass Oma so ein großes Unterfangen, wie Opa unter die Dusche zu befördern, alleine bewältigt, darum bin ich hier. Obwohl ich, das muss ich gestehen, durchaus lieber woanders wäre. In Ulan Bator oder Mordor beispielsweise.

Während Oma das Bad vorbereitet, also den Boiler anstellt, den Wäschekorb zur Seite rückt und die Putzeimer wegräumt, sitze ich bei Opa und spüre vorsichtig ein paar Millimeter in mich hinein. Und entdecke Angst. Was, wenn ich Opa nicht fest genug halten kann? Was, wenn ich das nicht schaffe und irgendetwas schiefgeht? Wenn sich jemand verletzt?

Aber Oma krallt sich an ihrem Optimismus und Aktionismus fest, sie kann zuweilen ausgesprochen hartnäckig und dominant sein. Kneifen gilt nicht, sie würde es nicht zulassen. Wut will in mir aufsteigen – warum zwingt sie mich zu so einem Kraftakt? –, sackt aber sofort wieder ab. Wer weiß, was mit Oma geschieht, wenn ich meine Furcht in die Welt lasse, sie ausspreche, ihr einen Namen gebe. Solange sie niemand außer mir entdeckt, solange keiner offen darüber spricht, gibt es sie nicht, wir können also alle fleißig weiter durchhalten und durchhalten und immer weitermachen und alles wird gut. Oder?

«Wie lange dauert das denn da wieder mit euch, was muschelt ihr da rum?», mosert Opa.

Doch wenn ich schon Dinge tun muss, die mir Angst machen, will ich wenigstens so gut wie möglich vorbereitet sein. Bevor wir anfangen, übe ich mit Oma daher den Ablauf. Und zwar nicht nur aus Prokrastinationsgründen. Denn das Bad ist winzig und verwinkelt, die Tür schmal, der rollende WC-Stuhl passt nicht hindurch. Das bedeutet: Opa muss vier Schritte bis zur Dusche gehen, und wir müssen ihn dabei stützen, dürfen nicht wackeln oder anecken oder in der Aufregung und Enge über unsere Füße stolpern. Oma und ich proben einige Male, bis jeder Handgriff sitzt und wir wissen, wer wem wann aus dem Weg gehen muss und wohin. Zumindest versuche ich, mich selbst davon zu überzeugen. Ich hole zweieinhalb Mal tief Luft, dann geht es los.

Vom Bett in den Rollstuhl kommt Opa erstaunlicherweise fast ganz allein. Zwar in Zeitlupe, aber halbwegs problemlos. «Wahnsinn, Opa! Wie fit du bist. Und so elegant dabei», säusele ich und erschrecke über so was wie Hoffnung. Vielleicht wird es doch nicht einschränkungslos entsetzlich?

«Ja. Wie eine Gazelle», antwortet er, und Sarkasmus hebt seinen Mundwinkel an.

«Er hat einen guten Tag, das habe ich gleich heute

Morgen gemerkt. Wir müssen ihn sowieso mehr machen lassen. Er kann das nämlich», stellt Projektleiterin Oma voller Inbrunst fest. Als hätten wir uns seine Gebrechlichkeit bislang nur eingebildet.

Ich schiebe Opa im Toilettenstuhl vom Schlafzimmer durch Wohnzimmer und Flur zur Badezimmertür, bis es keinen Millimeter mehr weitergeht. Shirt aus, auf den Kopf aufpassen, Windel runter, Schlauch durchfädeln, Pipibeutel festhalten.

Ich habe mich an den Anblick meines nackten Großvaters gewöhnt. Jetzt. Inzwischen. Als erwachsene Frau. Während meiner gesamten Kindheit und Jugend hingegen habe ich meinen Opa nicht mal in Unterhose gesehen, er ist zum An- und Ausziehen immer ins Schlafzimmer gegangen und hat die Tür hinter sich zugemacht. «Genant» sagt Oma dazu. Ich weiß nicht mehr genau, wann ich meinen Großvater in den vergangenen Jahren das erste Mal ohne Unterhose gesehen habe; nur, dass es sich falsch angefühlt hat, weil ich weiß, dass er – oder wenigstens sein altes Ich – das nicht gewollt oder geduldet hätte. Aber so ist das: Der Mensch ist wesentlich zäher, flexibler und elendsanpassungsfähiger, als er gemeinhin glauben würde.

Dann nehmen Oma und ich unsere vorher einstudierten Positionen ein. Opa kommt leicht bis zur Dusche, dreht sich beinahe von alleine. Aber hinsetzen, das traut er sich nicht. Parkinson sorgt dafür, dass die

Muskeln seinen Gleichgewichtssinn nicht mehr unterstützen und er ständig das weitgehend unbegründete und gleichzeitig sehr reale Gefühl hat, zu stürzen.

Oma nimmt den einen Arm, ich den anderen. «Los, Opa. Du schaffst das», höre ich mich keuchen. Dann ächzen wir im Kanon. Als er schließlich sitzt, beginnt Oma ohne Verzug mit dem Waschen. Ich stelle die Duschtemperatur ein und brause ihn ab.

«Das ist doch schön, Herzilein. Nicht wahr?» Voller Elan schrubbt sie die hängenden Hautsäckchen seiner Arme.

«Mein Rücken tut weh», entgegnet Opa knorrig. Längeres Sitzen kennt sein Körper nicht mehr.

Nach nicht mal zehn Minuten sind wir fertig, inklusive Abtrocknen. Vor allem Opa; er kann nicht mehr aufstehen. Weil er immer nur im Bett liegt, ist seine Muskulatur so gut wie verschwunden. Als ich ihm hochhelfen will, ruft er plötzlich: «Nein!» Und wieder: «Nein! Nein!» Streng und angsterfüllt gleichermaßen. Er sinkt die drei Zentimeter zurück auf den Duschsitz, seine Hände zittern.

Panik möchte sich in dem winzigen Raum ausbreiten wie der Duschnebel, aber ich lasse sie nicht. Ruhe bewahren. Nur nicht nervös werden. Atmen. «Wir schaffen das, Opa. Ich bin ja hier.» Und dann umklammere ich seinen Oberkörper mit beiden Armen so doll ich kann, ich kann ihn ja nicht hier sitzen lassen. «Halt dich einfach an mir fest.» Seine Ärmchen umschließen meinen Nacken, sein fast kahler Kopf lehnt auf meiner rechten Schulter. Ich hebe ihn hoch. Und gerade, als ich ihn halte, merke ich, dass seine Beine plötzlich versagen. Mein Opa hängt schlaff in meinen Armen. Vollkommen hilflos. Es geht nicht vorwärts und auch nicht mehr zurück. Alles lastet auf mir. Wenn ich ihn nicht halten kann, fällt er hin und tut sich weh. Und ich falle mit ihm und weiß nicht, ob ich dann je wieder aufstehen können werde.

Ich unterdrücke das Verzweiflungsbrüllen in mir, sammle meine ganzen Kräfte, aus jeder Ecke meines Körpers, meines Nervensystems und meines Herzens. Und dann – ich weiß auch nicht, wie – trage ich meinen Opa. Ganz alleine. Schritt für Schritt schlurfe ich mit ihm bis zum Toiletten-Rollstuhl und halte sein komplettes Gewicht. Meine Arme brennen, Schweiß kriecht meine Schläfen hinab, rollt an meinem Kiefer entlang. «Es ist alles gut, Opa. Ich habe dich. Keine Sorge!» An der Stelle, wo sein Kopf an meiner Schulter liegt, wird es von seiner Spucke nass und warm.

Vorsichtig drehe ich ihn halb um und lasse ihn, so langsam ich kann, auf den Stuhl sinken. Geschafft. Wie auch immer. Doch als ich mich vor Opa hocke und ihn anschaue, geht sein Blick ins Leere. Er sieht mich gar nicht, reagiert auf nichts.

Oma beruhigt mich. «Ach, das kenne ich schon. Jetzt ist er kurz weg. Aber der kommt gleich wieder.»

«Wie bitte, was meinst du mit ‹weg›?»

«Er ist ohnmächtig oder so, wahrscheinlich der Kreislauf.» Oma sagt das so beiläufig, als spräche sie über das Mittagessen. Meine Fäuste schließen sich um die Lehnen des Klostuhls. Das kann nicht normal sein, aber ich kann auch nichts tun. Und wirklich, nach ein paar Sekunden guckt Opa mich mit gewohnt hektischem Blick an. Sein Atem geht schnell.

«Hey, Opi. Alles okay?»

«Ja ja, aber jetzt will ich ins Bett.»

Er meckert wieder, es geht ihm also gut. Und dann rolle ich den frisch geduschten Opa zurück ins Schlafzimmer. Jetzt sind es meine Knie, die wackeln. Ich beziehe sein Bett, während Oma ihn noch auf dem Stuhl eincremt und anzieht und dabei ächzt. Als er schließlich ruhig in der geblümt-karierten Wendebettwäsche liegt, reibe ich seine Beinchen noch mit Franzbranntwein ab und lasse mich anschließend auf den Toilettenstuhl plumpsen.

«Ach, komm schon. Der Opa wiegt doch nuscht», sagt Oma.

Mein Rücken ist da anderer Meinung, mein Herz sowieso.

«Gut, dass du früher so viel Sport gemacht hast. Da hast du jetzt wenigstens Muckis und kannst deinen Opa tragen.» Oma lacht. «Das hat doch tadellos geklappt, das können wir jetzt jede Woche machen.»

Ihre zufriedene Freude prallt an mir ab. Wirklich? Wohl kaum. Ich würge meine Tränen hinunter. Meine Kraft ist aufgebraucht.

Doch das soll nicht das einzige Projekt in dieser Woche bleiben. Es steht noch ein anderes an. Das, vor dem wir uns alle so gefürchtet haben: Oma hat immer wieder zunehmend starke Schmerzen, und ihre Gerinnungswerte sind zwar nicht mehr total außer Kontrolle, aber noch alles andere als im Rahmen – wie ich einen Tag später erfahre. Die ärztliche Ansage ist so klar wie der Urin in Opas Beutel an guten Tagen: Oma muss zum Durchchecken ins Krankenhaus, keine Widerrede. Das bedeutet in direkter Folge: Opa muss in die Kurzzeitpflege, ins Pflegeheim.

«Wenn es nun mal nicht anders geht, Kind. Was soll ich denn machen?», flüstert Oma.

Ich weiß es nicht, ich weiß nur eins: Was auch immer da jetzt auf uns zukommt, es wird definitiv mehr Kraft kosten, als Opa zu duschen.

So kann es nicht weitergehen

Mitte Juli

Opas Körper hängt genau wie neulich wieder leblos in meinen Armen, seine Augen starren ebenso weit aufgerissen ins Nichts. Diesmal hängen wir an der Bettkante. Ich hatte ihm schon die Schutzhose ausgezogen, doch bevor ich ihm auf den Toilettenstuhl helfen konnte, ist er weggeklappt. Einfach so.

Ich halte ihn fest. Auch dann noch, als sich sein Darm mit einem blubbernden Geräusch entleert. Nicht viel, nur ein Klecks – aber genug, um die allgemeine Verzweiflung zu vervollständigen. Er merkt nichts davon. Ich schon. Vor allem bemerke ich Hilflosigkeit, die mich wegzuspülen droht, irgendwohin, von wo ich nicht zurückkommen werde.

Im Türrahmen schräg hinter mir steht Oma und pöbeljammert. «Was ist denn da los? So was hat er ja noch nie gemacht! Du hast ihn aufgeregt! Oh nein, oh nein!»

Dabei bemühe ich mich nach Kräften um das Gegenteil. Omas Ungerechtigkeit macht, dass ich alle beide schütteln will. Mit Nachdruck sage ich, eindeutig zu laut: «Oma! Bleib doch mal ruhig, verdammt! Wir kriegen das alles hin. Wenn du nur mal aufhören würdest, mich zu stressen!»

Und ich weiß nicht, wie das gehen soll. Sie wankt zum Sessel, setzt sich langsam und unter vielen «Oh, ohs» und vergräbt ihr Gesicht in den Händen. Opa kommt wieder zu sich und weiß nicht, was los ist. Die ganze Situation ist ein einziges Sinnbild unserer Überforderung. Und in einem entfernten Teil meines Kopfherzens frage ich mich: Wer wird wohl derjenige von uns sein, der zuerst aufgibt?

Unerklärlicherweise gelingt es mir dann doch, Opa auf den WC-Stuhl zu wuchten, aber wie so oft bleibt mir ja auch gar nichts anderes übrig. Er ist schwach und verwirrt, weil er die Aufregung spürt, aber nicht versteht. Bevor wir losfahren, soll und will er noch mal auf den Topf. Aber es kommt nur ein Pups raus, ein Teil befindet sich ja bereits auf der Bettkante, von wo Oma ihn schweigend erst mit einem alten Kissenbezug und dann mit einem nassen Lappen und Desinfektionsreiniger wegscheuert. Anschließend waschen wir Opa kurz und ziehen ihn, noch immer schweigend, gemeinsam an, ehe der Transportdienst kommt. Es ist gut, beschäftigt zu sein und nicht nachzudenken. Darüber, dass Opa in die Kurzzeitpflege muss, weil Oma ins Krankenhaus geht.

«Nur zum Durchchecken», sagt sie immer wieder.

«Zum Ausruhen», denke ich und sage nichts. Soll sie

ruhig daran glauben, wenn es ihr so leichter fällt. Die Vollzeitpflege ihres Ehemannes hat sie schon lange weit über ihre Belastungsgrenze hinauskatapultiert, in eine Welt aus Pflicht- und Schuldgefühl, aus der sie allein nicht mehr herausfindet und in der sie Tag für Tag ein Stückchen weiter zu verschwinden droht.

Omas Schmerzen in den Beinen lassen sie nicht mehr schlafen, und sie hat seit Monaten keinen Appetit: «Ich kann einfach nicht essen, nichts zu machen. Das ist ganz verteufelt.» Große Augen und tiefe Ringe in einem Gesicht wie ein schmalgraues Stückchen Treibholz. Sechs Kilo hat sie in den vergangenen zwei Wochen verloren. Längst nicht nur Wasser. «Das geht so nicht weiter», hatte ihre Hausärztin befunden.

Meine großartige Schwester begleitet Oma in die Klinik, während ich mit Opa fahre. Die traurigsten Dreamteams der Welt. Opa und ich fahren ins Pflegeheim. Ins Heim. Heim, Heim, Heim! Das Wort hämmert unablässig von innen gegen meine Stirn. Es ist zwar nur vorübergehend, aber trotzdem. Du gibst deinen Opa ins Heim, obwohl er so viel für dich getan hat. Selbst Reitstunden hat er dir bezahlt. Ist das der Dank?, zischt mein schlechtes Gewissen, und ich zögere, bevor ich es umboxe.

Ich hätte Opa von Herzen gern zu Hause behalten, in seiner gewohnten und vertrauten Umgebung. Doch das geht nicht. Wenn ich als Freiberuflerin nicht arbeite, verdiene ich kein Geld, und das kann ich mir momentan schlicht nicht erlauben. Außerdem erinnere ich mich noch gut an das letzte Mal, als ich drei Tage hintereinander auf Opa aufgepasst habe. Auf dem Heimweg saß ich eine Stunde lang erschöpfungsheulend in einem Café. Kurzzeitpflege ist momentan das einzig Machbare. Wenn Oma wieder da ist, besprechen wir alles in Ruhe – und finden hoffentlich gemeinsam endlich eine praktikable langfristige Lösung.

Auf dem Tragestuhl wirkt Opa wieder weggetreten. «Das ist normal bei Leuten, die viel liegen – der Kreislauf», erklärt der Fahrer. Oma hatte also recht. Der Mann überlegt kurz und legt Opa dann vorsichtig auf die Liege, sicher ist sicher.

Ich mache ein Handyfoto von Opa in T-Shirt, Jogginghose und Strumpfsocken auf der Transportliege und weiß überhaupt nicht, warum ich diesen Moment festhalten will. Ist ja nur zeitweise. Auf der Fahrt schweigen wir. Was soll ich auch sagen? Ich sehe die Straßen meiner Kindheit vorüberziehen und erinnere mich daran, wie Opa mit mir damals durch den gesamten Stadtteil gefahren ist. Immer wieder, überallhin. Zu Freunden, zum Reitunterricht, ins Jugendzentrum, in den Garten, zum Einkaufen. Und wie oft wir uns im Auto gestritten haben. Darüber, dass das Fenster geschlossen bleiben muss, weil es sonst zieht. Darüber, dass das Radio zu laut ist und sowieso nur scheiß Rums-

Bums-Musik läuft. Darüber, dass ich nicht im Gesicht herumpulen soll. Und an der Nase auch nicht. Über alles. Opa und ich, wir haben uns mitunter ganz schön getriezt. Trotz aller Liebe.

Das moderne Foyer des Pflegeheims ist großzügig geschnitten, hell, freundlich und sauber. Das muss nichts heißen, so viel weiß ich nun schon. Es gibt links eine Rezeption, rechts eine gemütliche Sitzecke mit Kaffeeautomat und geradeaus eine große Glasfront mit Tür zum Garten. Wir fahren mit einem der beiden Fahrstühle in den dritten Stock. Opas Zimmer ist ziemlich weit am Ende eines langen Ganges. Es ist rechteckig geschnitten, mit einem Badezimmer links und einem großen Fenster gegenüber der Tür. Orangerote Vorhänge und Tischdecken und Buchenholzstühle mit farblich passender Polsterung. Vanillefarbene Wände – zum Glück ohne den in dieser Art Zimmer häufig obligatorischen hässlichen Kunstdruck – und ein kleiner Kleiderschrank mit Buchenfurnier.

Der Mann vom Transportdienst und ich helfen Opa in das Bett. Und dann liegt er da und guckt. Zur Begrüßung bekommt er eine Schachtel mit Trüffelpralinen, Hausmeister Ingo organisiert in kürzester Zeit einen Fernseher und sonstigen Bedarf, die Stationsleitung hört mir aufmerksam zu und die Pflegerinnen bieten mir Kaffee und eine Portion Mittagessen an. Ich bin skeptisch: Ist das nur Teil der Show wie im letzten

Heim, in dem Opa während der Kurzzeitpflege angemotzt wurde, sobald ich weg war? Aber mein Bauchgefühl ist okay. Nicht hundertprozentig gut, aber auch nicht gänzlich schlecht.

Als ich Opa nach gut zwei Stunden allein lasse, liegt er da wie zu Hause: Füße auf einem Kissen, Fernbedienung in der Hand, Toilettenstuhl vor dem Bett, Becher auf dem Tisch. Und ich bin einigermaßen beruhigt. Ich will es sein.

Die folgenden Tage sind für mich eine nicht enden wollende ÖPNV-Tour durch ganz Hamburg, immer hin und her zwischen Zuhause, Arbeit, Pflegeheim und Krankenhaus. Stunden um Stunden in Bussen und Bahnen. Oma wird gründlich untersucht: Magenspiegelung, Lungenröntgen, Angiographie. Den Umständen entsprechend alles mehr oder minder im Rahmen, körperlich jedenfalls. Sie hatte sich vorher extra einen fuchsiafarbenen Nicki-Jogginganzug gekauft und flirtet mit dem französischen Pfleger, bevor sie versucht, ihn mit meiner Schwester zu verkuppeln.

«Von dem würde ich mich auch mal massieren lassen, ich bin doch so verspannt. Aber mit Rosenöl», scherzt sie, und es geht ihr bemerkenswert gut auf der geriatrischen Station dieses Krankenhauses, die so gar nichts mit der Geriatrie gemeinsam hat, die ich vorher sehen musste. Es riecht sauber, niemand wimmert, die zahlreichen Ärzte und Schwestern sind freundlich im Umgang mit den alten Menschen, und ich muss mich ein paar Mal kneifen. So geht's klar, insgesamt.

Und dann komme ich eines Nachmittags in Omas Zimmer, und sie liegt weinend auf dem Bett, umringt von Taschentüchern.

«Um Himmels willen, was ist denn los, Omi?» Ich eile an ihr Bett, denke an eine schreckliche Diagnose und fühle eine Eisflut durch meine Eingeweide schwappen.

«Ich weiß auch nicht, was mit mir ist», schluchzt sie in eine weitere zusammengeknüllte Papierserviette. «Ich musste einfach plötzlich so weinen und kann irgendwie nicht mehr aufhören.»

«Oh. Oh! Ach, Omi. Das tut mir so leid. Aber ich glaube, dann weiß ich, was es ist.» Ich nehme ihre kleine Hand. «Du bist erschöpft und traurig, das musste endlich mal raus, Omi. Du hast es viel, viel zu lange nicht zugelassen.»

«Scheiße», sagt sie tonlos. Und immer wieder. «Scheiße. Scheiße. Scheiße.» Ich halte sie in meinen Armen, ihre Tränen machen große Flecken auf mein T-Shirt. «Scheiße. Scheiße.» Ich gucke das Kreuz über der Tür an. Jesus lächelt melancholisch-mildtätig auf uns herab. Von dem kann man keine Hilfe erwarten. Trost? Mag sein. Aber nur, wenn man dran glaubt.

Irgendwann, unzählige Rückenstreichler und Umarmungen später, sind Omas Tränen versiegt. Sie tupft sich mit einem Stofftaschentuch erst damenhaft die letzten Tröpfchen aus den Augenwinkeln, um sich Sekunden später so kräftig zu schnäuzen, dass das Taschentuch vor ihrer roten Nase nur so flattert. «Ach, Kind. Das musste wohl wirklich mal raus.»

Sie sieht noch zerbrechlicher aus als zu Hause. Und wir sitzen auf dem schmalen Krankenhausbett, unsere so unterschiedlichen Hände in immer neuen Mustern ineinander verflochten, und reden, auch und vor allem über Opa. «Natürlich ist das alles nicht leicht, aber er ist doch mein Mann! Ich kann ihn doch nicht im Stich lassen. Nein, Kind. Daran ist nicht zu denken. In guten und in schlechten Zeiten. Wir haben uns das vor Gott versprochen, und daran halte ich mich. Nicht so wie ihr heute, so larifari.»

Ich gucke auf Omas rotgoldenen Ehering. So viele Menschen heiraten unter anderem deshalb, damit sie später nicht allein sind – und müssen mit ihrem Scheißschmerz und ihrem Herzensleid in allerletzter Konsequenz trotzdem allein fertig werden. Wenn einer schwer krank wird oder dement oder beide oder wenn einer vor dem anderen stirbt. Dann ist keiner da, der einem den faltigen Arsch abputzt oder einen tröstet; Ehe hin, Ehe her. Daran denken sie nur leider vorher nicht, und eventuell ist das auch besser so.

Unser Gespräch tut ihr offenbar gut; Oma rafft die nicht mehr ganz so schweren Schultern und will plötzlich mit mir in die Cafeteria: Eis essen. «Ich weiß gar nicht mehr, wann ich das letzte Mal ein Eis gegessen habe.» Genauso wenig wie ich. Außerdem will sie Fleischsalat. Und Würstchen. Und Senf. Ich helfe ihr auf, führe sie an den Rollator und gehe bedächtig übers blanke, quietschende Linoleum neben ihr her bis zur Krankenhauscafeteria am Ende des Ganges im Nebengebäude. Sie entscheidet sich für ein Eiscreme-Sandwich und hapst beherzt hinein. Und macht mir damit eine große Freude. Bevor ich mich anschließend auf den Weg zu Opa mache, nehme ich mit meinem Smartphone noch eine Videobotschaft von ihr für Opa auf. Wie so ein Kai Pflaume.

Zwei Stunden später freut sich Opa über die bewegte Nachricht von Oma, sehr sogar. Ein winziges Schmunzeln kratzt über sein Gesicht, und er nuschelt in Richtung Display: «Ich hab dich auch lieb, Oma.» Wie soll er auch verstehen, dass das nur ein Video ist und das auch noch auf einem Telefon ohne Kabel? Es ist nicht wichtig.

Ihm geht es merklich gut im Pflegeheim. Gleich am zweiten Tag wird sein Dauerkatheter gewechselt, er wird mobilisiert und in den Rollstuhl gesetzt. Man kümmert sich um ihn. Auch das Essen wird frisch gekocht, so frisch es eben geht in einer Großküche. Die Pflegerinnen mögen meinen Opa, jedenfalls die meisten. Obwohl er mit der Gesamtsituation unzufrieden, ein grundsätzlicher Griesgram und von seinem Katheter besessen ist. Er macht es einem nicht unbedingt leicht. Aber für mich, für uns alle als Familie, ist es unfassbar erleichternd zu wissen, dass es ihm dort erträglich geht und es außer seinem Katheter nicht viel gibt, worüber Opa meckern könnte. Hoffentlich bleibt das weiterhin so.

Schließlich soll Oma aus dem Krankenhaus entlassen werden. «Der Professor sagt, mir fehlt so weit nix. Aber meine Psyche ist erschöpft oder so. Und so wie bisher kann es nicht weitergehen.» Ich habe es geahnt, trotzdem wird mir flau. So nicht, aber wie dann? Sie schaut mich an, als müsste ich die Lösung kennen.

Leben oder sterben

Ende Juli

Sobald Oma wieder zu Hause ist – den Klinikärzten zufolge in guter Verfassung –, fährt sie fast direkt zu Opa ins Pflegeheim. Und weint anschließend bitterlich in den Telefonhörer: «Ich ertrage das nicht. Er tut mir so leid. Ich kann das alles nicht aushalten. Opa sieht schrecklich aus. So abgemagert und hutzelig. Ganz, ganz schlecht. Nein. Also wirklich, grauenvoll ist das!» Sie klingt in ihrem Schmerz hell und jung wie ein Mädchen, bloß wie eine tieftraurige Person, und nicht wie die Figur «Großmutter».

«Nee, Omi. Er ist ganz der Alte. Ehrlich! Und es geht ihm gut dort. Ich weiß das, ich besuche ihn nämlich fast jeden Tag. Mach dir mal keine Sorgen. Es ist nur ungewohnt für dich, ihn dort zu sehen und nicht zu Hause, das ist alles.»

«Du hast keine Ahnung, wie ich mich fühle, das kannst du nicht verstehen! Das kann keiner!»

So aufgebracht habe ich sie noch nie erlebt. Seit sie sich noch im Krankenhaus nach einem Gespräch mit einer Dame vom sozialen Dienst zu dem Vorhaben durchgerungen hat, Opa zumindest ein paar Tage pro Woche in der Einrichtung zu lassen, wütet in ihrem Herzen offenbar das Gefühl, sie ließe ihren Mann im Stich.

«Ich hätte mich besser kümmern sollen, ich hätte mehr machen müssen, dann würde es ihm jetzt besser gehen.»

«Quatsch, Oma! Was denn? Er hat Parkinson, er ist dement, er ist schwer krank. Und du bist selbst sehr krank, du kannst nicht mehr! Das sieht jeder, Oma. Warum siehst du das denn nicht? Sei doch vernünftig.»

«Ach, lass mich!»

Keine 24 Stunden später fängt bei ihr der Durchfall an und bringt das Kotzen mit. Also rase ich an diesem Freitagabend zu Oma. Meine Großcousine hatte vor weniger als einer Stunde am Telefon erzählt, dass es ihr sehr schlecht ginge. Ich schreie innerlich 20 Minuten lang die Bahn an, weil sie nicht schneller fährt. Als ich ankomme, liegt Oma in ihrem lila Nachthemd mit dem Rücken zu mir im Bett und ächzt hauchzart. Sprechen kann sie nicht, dafür ist sie zu schwach.

«Der Notarzt war vorhin da», sagt meine Großcousine, «Magen-Darm-Infekt oder so. Sie hat ein bisschen Flüssigkeit und was gegen die Übelkeit bekommen und soll viel trinken, geriebenen Apfel und Bananen essen. Wird schon wieder. Trotzdem gut, dass sie heute Nacht nicht alleine ist.» Sie tätschelt aufmunternd meine Hand. Ich gucke meine Oma an, die zusammengefaltet daliegt und sich nicht rührt. Magen-Darm? Als ob. Und dann finde ich mich schon wieder mit hängenden Armen in einem Wirbelsturm aus Angst, Verantwortung und Taubheit und grübele. Es ist Freitag nach 22 Uhr, ich soll hier schlafen, um auf Omi aufzupassen. Zu diesem Zeitpunkt ahne ich nicht mal ansatzweise, was das in dieser Nacht noch bedeuten wird.

Der Plan lautet: Bei ihr sein und gucken, dass sie genug trinkt, mehr nicht. Doch mein Bauchgefühl sagt etwas anderes. Genau genommen sagt es nicht, es *jault*. Unvermittelt dreht Oma sich stöhnend um, hängt sich über den blauen Plastikeimer und kotzt Galle. «So. Ich rufe dann jetzt einen Krankenwagen», höre ich mich sagen.

Das Nächste, was ich höre, sind die Sirenen des Rettungswagens, in dem wir durch die schwüle Julinacht jagen. Bald ist August, dann gibt es wieder diese kleinen, widerlich sauren Äpfel, die wir früher im Garten hatten. Diese und andere Banalitäten fliegen durch meinen Kopf. Oma hingegen fliegt auf der Spezialliege auf und ab und merkt davon nichts, das ist die Federung. Ich umklammere mit links ihre Hand und mit rechts eine Nierenschale aus Pappe für den Fall, dass sie sich wieder übergeben muss. Auch mir ist schlecht, bestimmt von dem Gewippe.

Und dann sind wir in der zentralen Notaufnahme genau des Krankenhauses, aus dem Oma gerade erst entlassen wurde, und kämpfen gegen einen unsichtbaren Feind. Irgendwie kämpfe allerdings nur ich, Oma fehlt die Kraft. «Ich kann nicht mehr. Ich will nicht mehr.» Ihr Flüstern wird fast vom Pumpen des Blutdruckmessgeräts übertönt. In ihren nebligen Augen, ganz hinten, schimmert das Aufgeben. «Halte durch, Oma. Bald wird es besser.» Das sage ich seit gefühlten Stunden. Lüge ich?

Einige Zeit später stirbt Oma, jedenfalls glaube ich das. «Hilf mir, Kind! Hilf mir doch!» Sie bäumt sich unkontrolliert auf, den leeren Blick fest auf die Wand gegenüber gerichtet. Was oder wen sieht sie da nur, wohin schaut sie? Ich halte ihren Oberkörper. Ihre Lider fallen zu und ich lasse sie langsam zurück auf die schmale Liege sinken. «So nicht, Oma! Hörst du? SO NICHT. Ich lasse das nicht zu!»

Was mache ich denn jetzt nur? Ich senke meinen pochenden Kopf und spüre, wie meine Lebenskraft in allen vier Ecken verschwindet. Ist es das, geht es so zu Ende? Ach, Oma! Ich wollte doch noch mit dir ins Kabarett. Du solltest mir doch noch zeigen, wie man richtigen Streuselkuchen backt. Und ... Oma röchelt mit offenem Mund, ihre Augäpfel zucken unter lilafarbenen Lidern. Und mir wird klar: Sie braucht mich jetzt mehr, als ich sie jemals gebraucht habe. Und aus einem winzigen, stillen Punkt in meiner innersten Mitte breitet sich Wärme in mir aus, ich habe plötzlich keine Angst mehr.

Ich wachse und werde immer größer, bis ich den ganzen Raum ausfülle. Wenn es so sein soll, dann kann ich das. Ich bin hier, an ihrer Seite. Ich lasse sie nicht allein, sie ist nicht einsam. Sondern bei mir, ihrem merkwürdigen dritten Kind, das sie sehr liebt. Auf einmal weiß ich: Ich bin stark genug dafür. Ich kann sie auf die andere Seite begleiten, es wäre mir sogar eine Ehre. Mein Kopfpochen weicht und macht Gewissheit, Demut und einem tiefen, gewappneten Frieden Platz. Ich bin bereit, Oma.

Sie liegt da, auf dieser schmalen Pritsche und atmet schnell und flach. Ich rücke die Decke zurecht, mehr bleibt mir nicht. Dann dreht sie den Kopf und sieht mich direkt an, während sie wispert: «Hol mir doch mal ein Schluckchen Wasser, Kind.» In dem Moment weiß ich: Sie bleibt noch ein bisschen bei mir.

Oma muss sich immer wieder aufsetzen, um sich pfützchenweise zu übergeben. Wir haben eine stumme Routine entwickelt: Ich halte die Nierenschale unters Kinn und sie kotzt Galle, zum achten oder neunten oder zehnten Mal, ich weiß es nicht. Ihr schweißnasser Kopf fällt auf meine Schulter, ihre grauweißen Haare sind zerrupft und plattgedrückt. Schlagartig beginnen Omas Beine zu zucken. Seit rund 24 Stunden hat sie ihre Medikamente nicht genommen oder nicht bei sich behalten können. Und das bei einem Organismus, der überhaupt nur noch durch exakte Medikation funktioniert. Und durch Liebe. Aber wenigstens davon habe ich genug.

Ich rubble ihre Füße, das lindert die Qual in ihren Beinen, die mit den bordeauxfarbenen Verästelungen wie eine Karte verzweigter Flüsse aussehen. Ich lege ihr einen kühlen Lappen in den Nacken, auf die Stirn. Nur gegen die Übelkeit kann ich nichts ausrichten. Genauso wenig wie die Ärzte: MCP hilft nicht, Vomex auch nicht, selbst ein Mittel für Chemotherapiepatienten zeigt keine Wirkung.

«Wir könnten es mal mit Haldol-Tropfen versuchen», ist einer der wenigen halbwegs hilfreichen und ansatzweise freundlichen Sätze, den die in die Arroganz des wehenden weißen Kittels gewandete Assistenzärztin in dieser Nacht über die schmalen Lippen bringt. Wahrscheinlich ist sie überfordert, unsicher und gestresst, eine Notaufnahme in einer schwülen Freitagnacht ist kein Kindergeburtstag. Und wer weiß, seit wie vielen Stunden sie hier die Verantwortung für Menschenleben schultert. Aber jetzt geht es um meine Oma, und genau hier, an dieser Naht, endet bedauerlicherweise mein Verständnis.

Die junge Ärztin guckt mit hochgezogenen Augenbrauen an mir vorbei auf den Tropf, als sie sagt: «Bei einer Gastroenteritis fühlt man sich nun mal schlecht, da muss man durch. Möglicherweise ist es ein Norovirus, den haben unsere Schwestern auch öfter mal. Da denkt man zwei Tage lang, man stirbt, und dann ist wieder gut.»

Daher bekomme ich von einer Pflegekraft einen

Mundschutz und einen komischen blassgrünen Anzug. Norovirus? Sie stützt sich offenbar auf die Diagnose des Notarztes. Ob sie Omas quasi druckfrischen Entlassungsbericht, den ich ihr pflichtbewusst gereicht habe, auch gelesen hat? Da steht nämlich was von fortgeschrittener Niereninsuffizienz. Und es ist nicht so, dass ich sie nicht darauf hinweisen würde. Mehrfach. Genauso, wie ich in regelmäßigen Abständen nachfrage, was denn genau meiner Oma fehlt und was man jetzt zu tun gedenke. Ja, man findet mich scheiße hier in der zentralen Notaufnahme. Kümmert mich nicht.

Haldol hilft tatsächlich ein bisschen, und um 3:30 Uhr morgens dürfen wir endlich auf eine Station. Das in der Luft vaporisierte Desinfektionsspray hinterlässt einen Alkoholschleier auf meiner Zunge. Wie einer der letzten billigen Drinks, die sich die Feiernden jetzt irgendwo in dieser Freitagnacht bestellen. Ich schiebe mir drei blass rot gepolsterte Stühle zu einer improvisierten Liege zusammen. Um mich für ein paar Stunden ins Nebenbett legen zu dürfen, müsste ich bezahlen, und das sehe ich nicht ein. Ich rolle meine 1,75 Meter also stattdessen auf den drei Stühlen zusammen; ich werde eh nicht schlafen können.

«Leg dich doch zu mir, Kind», nuschelt Oma ein paar Momente später, und ich drapiere mich vorsichtig neben sie ins Krankenhausbett und passe auf, dass sie weiter atmet. Über der Tür hängt Jesus am Kreuz und schaut wie immer liebevoll-gleichgültig auf uns herab. Im Hintergrund blubbert das Sauerstoffgerät, und ich kann nicht anders, als einzuschlafen, obwohl ich nicht können sollte und eigentlich nicht will. Denn wer soll denn so lange auf Omi aufpassen?

Die Tür geht auf, das Licht geht an. Jemand weckt uns, um mit Oma zum Röntgen zu fahren oder so was Ähnliches. Ich verstehe kaum etwas, ich richte mich auf und funktioniere bloß. Man möchte offenbar überprüfen, ob sie einen Darmverschluss hat. Oma wird von einem schweigenden Transportmenschen im Bett über mehrere lange Flure geschoben, ich schleiche benommen hinterher – immer darum bemüht, den Abstand nicht zu groß werden zu lassen. Wir sind im Keller, in einem alten Gewölbe mit braunbunten, mattgelaufenen Bodenfliesen und ohne Fenster, und warten. Oma liegt bewegungslos auf der Seite; ich sitze daneben, meine Stirn auf das hochgeschobene Bettgitter gedrückt und wieder oder immer noch eine Nierenschale in der Hand.

Als Oma schließlich dran ist, nehme ich ihr die Bernsteinkette ab und lasse sie in meine Tasche gleiten. «Es wird alles gut, Omi. Hörst du?» Sie brummt nur leise. Nach dem Röntgen schiebt ein anderer Transportmensch Oma zurück in ihr Zimmer. Eine halbe Stunde später erklärt ein anderer Arzt uns volltönend, dass Oma offenbar eine gigantische Verstopfung habe, das käme sehr wahrscheinlich von dem ganzen Morphin und könnte der Grund für die anhaltende Übelkeit sein. Oma kotzt wie auf Kommando wieder Galle. Der Morgenhimmel hat inzwischen dieselbe Farbe.

Gegen acht betreten zwei Internisten ihre Bühne, also Omas Zimmer. «Sie hat eine erschreckend hohe Dosis Entwässerungsmedikamente bekommen», verkündet Frau Doktor. Und sagt, dass die Zusammenstellung ihrer Medikamente schlicht haarsträubend gewesen wäre. Oma kotzt unbeirrt weiter, ich halte die Schale und ihre Hand, alles wie immer. Was sie auch sagt: Omas Nierenwerte sind katastrophal. Von wegen Gastroenteritis – Nierenversagen! Man hätte deutlich früher drauf kommen können, aber ich bin zu müde, zu leer für Wut. Und auch erleichtert, denn jetzt gibt es wenigstens einen Plan, eine Therapie: neue Medikation, vorsichtige Flüssigkeitsgabe, Überwachung. Ich bleibe bis 14 Uhr, dann schläft Oma endlich ein bisschen tiefer. Und ich wanke heim, nach 15 Stunden, um es ihr gleichzutun.

Als ich das Krankenhaus verlasse und in der Sommersonne stehe, fühlt die Welt sich falsch an und ich mich um Jahre gealtert. Wie kann denn jetzt, nach all dem, die Sonne scheinen? Ich nehme mir ein Taxi; andere Menschen mit normalen Leben und durchschnittlichen Sorgen, gesund und munter und frisch geputzt, auf dem Weg ins Schwimmbad oder so, ertrage ich jetzt nicht. Ich wüsste nicht, wie ich ihnen begegnen soll, ohne sie zu schütteln, und sie können ja nichts dafür.

Zwei Tage später geht es Oma minimal besser, zumindest ist die Übelkeit weg. Ich sitze wieder an ihrem Bett und halte ihre Hand, noch immer ein banges Gefühl in der Brust. «Da unten in der Notaufnahme wollte ich nicht mehr. Wärst du nicht da gewesen – ich wäre zugrunde gegangen. Ich hätte mich von der Liege gestürzt», sagt Oma.

«Das habe ich gemerkt. Das hat mir große Angst gemacht», antworte ich.

Schwarzblaue Male verunzieren Omas geschundenen, 81 Jahre alten Körper überall da, wo er kein Blut mehr hergeben mag. Ich erinnere mich an ihren Blick in der Notaufnahme, an diesen Moment zwischen hier und dort, nehme innerlich Anlauf und stelle ihr die Frage, die man alten und oder schwer kranken Menschen zu selten stellt: «Willst du leben oder sterben, Oma?»

Mein Brustkorb wird eng, als ich weiterrede: «Es würde mir das Herz brechen, weißt du? Aber ich könnte halbwegs verstehen, wenn du nicht mehr magst und nicht mehr kannst. Du hast ja so lange gelebt und so viel durchgemacht und ertragen.» Ich denke an das davon, was ich weiß, was längst nicht alles ist oder fast nichts, streichle ihren Daumen und atme tief ein. «Und ich bleibe bei dir – egal, was du willst. Ich respektiere deinen Wunsch und begleite dich auf jedem deiner Wege. Ich liebe dich, weißt du? So oder so. Aber du musst dich entscheiden.»

Natürlich ist es eine Provokation. Großteils. Aber ich muss es auch wahrhaftig wissen. Sie schließt die Augen.

«Ich weiß nicht.» Ihr Stimmchen zittert. Damit habe ich nicht rechnen wollen.

«Dann denk nach. Bitte. Mir zuliebe.»

Schweigen. Pfeifende Atemzüge aus der Wasserlunge. Dann dreht sie mühsam den Kopf auf dem Wattekissen und blickt mich über auberginefarbene Augenringe hinweg an.

«Ein bisschen will ich glaub ich noch. Ich kann euch noch nicht alleine lassen.»

«Dann, meine liebe Oma, kneif verdammt noch mal deine Arschbacken zusammen und kämpfe!»

Ich schiebe ihr einen Becher mit Brühe rüber. Sie guckt lange auf die krümelige Flüssigkeit.

«Ja, Kind. Du hast recht.» Und sie trinkt.

Oma, Opa und der Trennungsschmerz

Anfang August

Die beiden jungen Männer vom medizinischen Transportdienst schleppen Oma schwungvoll die Treppe hoch. Sie hat ein großgeblümtes Sommerkleid an und dazu blasslila Flauschsocken in ihren Klettverschluss-Sandalen. «Wie Kleopatra auf einer Sänfte», sagt sie und versucht ein Lächeln. Dieser Sänftenwitz scheint sich irgendwie durchgesetzt zu haben. Ihre Augen ragen unverändert dunkel aus dem bleichen Gesicht, Spuren der zwei Krankenhausaufenthalte.

Kaum sitzen wir einige Minuten zusammen, stürmt mein Onkel ins Wohnzimmer und motzt mich an. Ein Wort ergibt das andere und Onkel, Großcousine und ich stecken mitten in einer familiären Auseinandersetzung voller Rechtfertigungen und Schuldzuweisungen, die ich nicht gewollt habe. Schon gar nicht vor Omas Ohren. Aber die ganze Familie ist überfordert. Es geht darum, dass ich angeblich Opa im Heim lassen und Oma auch «ins Heim stecken» wolle und ich hier «aber auch mal gar nichts» zu entscheiden hätte. Ich verstehe meinen Onkel ja, auch er ist sein Leben lang ein Stück weit auf

Omas Unterstützung angewiesen. Aber ich habe nur gesagt, dass es Opa dort wider Erwarten im Grunde ganz okay geht, dass er lediglich seine Frau sehr vermisst und unter der Trennung leidet – so, wie sie auch – und dass, wenn es Oma nicht bald besser geht, sie voraussichtlich wohl nicht mehr lange allein leben können wird. Doch Menschen hören eben vorzugsweise das, was sie hören wollen, wahrscheinlich bin ich da keine Ausnahme. Und so ballen wir unsere Fäuste in den Taschen und reden lautstark aneinander vorbei.

«Ich muss mich hinlegen, Kind.» Oma versucht kein Lächeln mehr, sie will nur noch ins Bett. In dem Schlafzimmer, in dem seit 1956 immer zwei Betten standen, steht jetzt nur noch eins: Opas altes Pflegebett. Wie ein Mahnmal. Oma schläft jetzt darin, es ist mit dem Galgen und der Höhenverstellbarkeit angenehmer für sie, ihr altes lagert auseinandergebaut im Keller. Denn ihr Mann ist im Heim, und er wird nicht mehr nach Hause kommen – nie wieder. Das ist jetzt, nach Omas zweitem Krankenhausaufenthalt und dem zweiten Gespräch mit dem sozialen Dienst, klar. Zumindest den meisten von uns, bei meinem Onkel bin ich mir nicht sicher. Aber Oma kann Opa einfach nicht mehr pflegen. Sie ist selbst schwer pflegebedürftig, und das lässt sich nicht mehr leugnen, auch nicht von ihr selbst. Opa habe ich es noch nicht gesagt. Möglicherweise fällt mir ja doch noch eine andere Lösung ein. Irgendeine. Wenn ich nur gründlicher und tiefer nachdenke und hartnäckiger recherchiere und besser Informationen sammle und mir mehr Mühe gebe …

Opa ist zwar milde demenziell, aber nicht blöd. Als ich ihn besuche, sagt er: «Von wegen ich soll nur ein paar Tage hierbleiben. Von wegen.» Er spürt, was Sache ist, und sagt, was er denkt und fühlt, und das passiert bei ihm nicht so oft bis nie. «Dein Onkel kommt nicht, weil er sich für mich schämt. Der will mich so nicht sehen, das hält der nicht aus. Und deine Mutter genau so.» Stellvertreterscham kneift in meine Wangen.

«Nein, Opi. Der Onkel ist selbst krank und die Mama … irgendwie auch. Das ist jetzt ziemlich ungerecht von dir, denn das weißt du doch auch alles, Opilein», sage ich, um ihn zu beschwichtigen, und gucke auf den holzfarbenen PVC-Boden zwischen meinen Füßen. Aber er hat nicht ganz unrecht. Es sind seine Kinder, und sie besuchen ihn sehr selten. Eventuell, weil es anstrengend ist und schwierig, weil es Zeit und Kraft kostet, weil Opa kein umgänglicher Mensch ist, man nie weiß, worüber man mit ihm reden kann, soll oder muss, weil es in seinem Zimmer immer nach Urin riecht und eventuell auch, weil sie ihr schlechtes Gewissen nicht so hilflos vor sich liegen sehen wollen.

Egal, das ist nicht meine Sache. Ich kann andere Menschen nicht ändern oder zu etwas überreden oder gar zwingen, das sie selbst nicht wollen oder wichtig finden. Sie sind erwachsen. Herrje, sie waren doch schon erwachsen, als ich geboren wurde. Also, nicht mein Job. Es tut mir nur so leid für Omi und Opi. Aber *meine* Taten, die kann ich beeinflussen, und ich, ich bin hier.

Ich sitze hier und halte Opas zerknitterte, grauwarzige Hand. Ich creme seinen Po und seinen ganzen Körper im Kampf gegen möglichen Dekubitus ein, drehe ihn mal nach rechts und mal nach links. Erkläre ihm unermüdlich immer wieder, warum das wichtig ist. Er versteht es für ein paar Minuten. Ich helfe ihm beim Rasieren und beim Essen, rücke den Becher auf dem Tisch und die Gardine und den Stuhl an die richtige Position und in den richtigen Abstand. Immer wieder, noch einen Millimeter nach rechts ... Nein, zu weit. Und ich höre mir sein Schimpfen, sein Schweigen, seine Demenz-Illusionen und seinen Kummer an. Den ganzen würgenden, schlingenden, unaussprechlichen Schmerz, die unbenannte Angst, die ganzen erstickenden Gefühle, die selbst mein harter, herzlicher Opa nicht mehr unterdrücken kann.

Vor allem die Sehnsucht nach Oma bricht gelegentlich aus ihm hervor, so wie jetzt: «Ach, ich bin so traurig, ich möchte weinen», sagt er und guckt auf seine viereckig gefaltete Serviette. «Wenn ich irgendeinen Fehler gemacht habe, wenn ich dumm geredet habe mit meinen komischen Phantasien immer, dann sag Oma, dass es mir leidtut. Ich will ja nicht so rumspinnen und immer so dummes Zeug erzählen, aber ...»

Seine kleine blauen Augen werden groß und ich ganz klein. Das haben die beiden nicht verdient. Das hat keiner, denke ich mit krachendem Herzen. Opa spricht weiter: «Ich muss doch irgendwas getan haben, dass Oma mich nicht besuchen kommt», sagt er verständnislos selbstanklagend und reckt den Kopf halbkreisend vor, wie er es immer tut, wenn er aufgeregt ist.

«Hör sofort auf, so was zu sagen, Opa! Das ist absolut nicht wahr!» Meine Stimme wird laut und metallisch. Die Serviette in seinen Händen ist inzwischen fast ganz zerrupft.

An der Wand neben Opas Bett kleben ein Poster von meinem ersten Buch, damit er etwas zum Freuen hat, und ein Zettel mit einem Foto von Oma in der Klinik. Darauf steht in dicken, großen Buchstaben: «Oma liebt dich, aber Oma ist im Krankenhaus. Sobald es ihr besser geht, kommt sie dich besuchen.» Eine maue Erinnerungsstütze, damit Opa nicht zweifelt. Doch wenn er nicht direkt darauf schaut, vergisst er es immer wieder und fragt: «Was hat sie sich denn nur dabei gedacht, dass sie mich rausgeschmissen hat? Ich kann doch nicht auf einmal getrennt leben! 55 Jahre sind wir verheiratet und jetzt plötzlich ... Was denkt sie sich nur dabei!» Seine trüben Augen schimmern. Demenz kann nicht rechnen und sich nicht recht erinnern. 59 Jahre sind es in diesem August. Plötzlich verwandelt sich sein Schmerz in richtige Wut. «Wenn ich hier sterbe, ist sie schuld!» Opas zitternde Hand verkrampft sich um die Reste der Serviette. Sein Leid schnürt mir die Kehle zu. Wieder mal.

Doch auch bei Oma gilt Ähnliches. Sie ist tief erschöpft, nicht nur körperlich. «Die Werte sind momentan absolut okay. Aber sie ist insgesamt noch schwach», hatte der Arzt mir kurz vor ihrer Entlassung gesagt. Sie kann kaum mehr gehen und braucht den Rollator momentan auch in der Wohnung. «Ach, ich habe ja auch seit über einer Woche fast nichts mehr gegessen, das liegt nur daran. Das wird schon wieder. Glaub mir, Kind», wiegelt sie ab. Appetit hat Oma noch immer keinen, zum Mittagessen – eine halbe Scheibe Brot mit Pflaumenmus – hat sie sich gezwungen. Ihre Beine tun weh und sie schafft es kaum, aufzustehen. Ihr Blick ist diesig und leer, und sie spricht wenig. Sie, aufgewachsen in einer Welt und in einer Familie, in der anderen helfen, für andere da sein die einzige Währung für Anerkennung war, hat sich eingehüllt in den Nebel des Versagens, und weder ich noch meine Schwester noch jemand anderes dringen zu ihr durch. Egal, wie sehr wir es versuchen.

Wenn mir an diesem Montag klar gewesen wäre, dass sie eine richtige, eindeutige Depression hat und wie gravierend sie ist – ich wäre keine Minute von ihrer Seite gewichen. Aber so sieht sie einfach nur unendlich müde aus, und wen würde das nach all dem wundern?

Mein Onkel übernachtet widerwillig ein paar Tage auf der ausklappbaren Velourscouch, dann meine Großcousine. Damit Oma zumindest in der ersten Zeit nicht allein sein muss.

Trotzdem stauen sich körperliche und seelische Qualen, Schuld und Erschöpfung weitgehend unbemerkt in Oma auf, formieren sich zu einer dunklen, alles überwältigenden Macht. Und treiben sie vier Tage später zu einem verzweifelten Schritt.

Omas tiefe Verzweiflung

Mitte August

Die zahlreichen neuen Medikamente sind zu kompliziert für Oma; wenn niemand aufpasst, kriegt sie die vielen verschiedenen, fremden Pillen durcheinander. Auch das Kribbeln in ihren Beinen wird seit Tagen nicht besser, sondern schlimmer. Sie schläft inzwischen fast gar nicht mehr, obwohl sie den ganzen Tag im Bett liegt. Sie ist müde, so müde. Am Donnerstagabend muss meine Großcousine wieder den Notarzt rufen, weil Omas Beine so unsagbar schmerzen und weil sie immer dasselbe Mantra wiederholt: «Ich kann nicht mehr, ich will nicht mehr. Ich kann nicht mehr, ich will nicht mehr.» Immer und immer wieder. Es sind die einzigen Worte, die sie spricht.

Der Notarzt sagt, organisch könne er nichts feststellen. Und er könne sie jetzt zwar in die Psychiatrie einweisen, aber dann komme sie in die Geschlossene und das sei nicht gut – weder für sie noch für uns –, weil sie dann keinen Kontakt zu uns haben dürfe.

So bleibt Oma mit meiner Großcousine zu Hause und peinigt sich unerschütterlich mit Vorwürfen. Wie einen Rosenkranz der Selbstzerfleischung betet sie die Paragrafen ihres schlechten Gewissens runter: Sie habe nicht genug getan, sie hätte mehr tun müssen, es sei ihre Schuld, dass es ihrem Mann so schlecht gehe. Sie habe versagt und ihre Schmerzen seien die Strafe Gottes dafür. Und immer wieder: «Ich kann nicht mehr, ich will nicht mehr.»

Dass es Opa im Pflegeheim echt okay geht und er bloß seine Frau vermisst, hört sie nicht. Zu diesem Zeitpunkt ist kein Durchkommen mehr; Schmerz und Depression haben sie im Klammergriff. Und ich bekomme von alldem nichts mit. Oma, mein Onkel und meine Großcousine wollten mich nach der Horrornacht im Krankenhaus nicht beunruhigen, erfahre ich später, und obwohl ich mich ärgere, verstehe ich das sogar. Und vielleicht bin ich auch heimlich ein bisschen dankbar.

Am nächsten Morgen, ich glaube, die Sonne scheint, es ist ja August, will sich meine Großcousine auf den Weg zum Arzt machen, um Rat oder ein Rezept oder irgendwas zu bekommen, und mein Onkel soll die Aufpass-Schicht übernehmen. Ich bin nicht da, ich arbeite, aber ich glaube, es sieht an diesem Tag zu Hause aus wie immer. Der beigebraune Fliesentisch mit den weißen Plastiksets und den vielen kleinen Notizzetteln und Tablettenspendern, Staub auf dem Fernseher, Stapel von Illustrierten und alten TV-Zeitschriften auf dem Boden, dicke Bücher überall. Die Balkontür ist offen, damit frische Sommermorgenluft reinkommt, im Hintergrund dudelt leise das Radio. Wahrscheinlich ist es ein friedlicher Tag. Oma wird sich nur zum Tabletteneinnehmen aus dem Bett gequält haben. Und dann, ohne jede Vorwarnung, schnellt sie aus dem Sessel und läuft im Nachthemd auf den Balkon. Sie will springen. Sie will sich das Leben nehmen. Es ist wahr: Sie kann nicht mehr, sie will nicht mehr.

Im allerletzten Moment kann mein Onkel sie festhalten. Per Zufall, weil die Stube so klein ist, weil er dazu noch halb im Weg steht und er sie tatsächlich am Arm erwischt, obwohl er wegen seinem Diabetes kaum noch gucken kann. Meine Großcousine ist gerade von der Apotheke zurückgekommen und steht im Türrahmen, als meine Oma versucht, sich umzubringen. «Sie meinte es ernst. Da war etwas in ihren Augen», sagt sie mir später.

Oma zittert und bebt und schweigt. Mein Onkel wacht über sie, hält sie im Arm, meine Großcousine ruft aufgewühlt die Hausärztin an und fragt, was um alles in der Welt wir denn jetzt bloß tun sollen.

Dass unsere vorherige Auseinandersetzung schuld daran sein soll, höre ich irgendwann nachträglich und möchte platzen vor Wut, Schmerz und Scham. Omas Hausärztin erkämpft im Gespräch mit einer Oberärztin einen Platz in der Psychiatrie. Normale Wartezeit: über vier Wochen. Wie kann so was angehen?

«Wir dürfen kein Wort von Opa sagen, nicht mal seinen Namen», sagte meine Großcousine später am Telefon. Die Ärzte hätten strengste Anweisung gegeben, jede Form von Stress und Kummer von Oma fernzuhalten. Und so liege ich irgendwann wieder neben meiner Oma in einem anderen Krankenbett auf einer Station, auf der die Türklinken nach unten zeigen und die Fenster nicht aufgehen. Ich bin das große Löffelchen und streichle langsam kreisend ihren weichen Bauch, mein Kopf lehnt an ihrer Schulter. Sie hat ihre Zähne nicht drin – die sind noch zu Hause – und sie spricht nicht. Kein einziges Wort. Vollkommen egal, was ich sage. Sie knurrt und sie ächzt mit geschlossenen Augen, und ich weiß nicht, ob es die körperlichen oder seelischen Leiden sind, die sie mehr quälen. Sie irrt durch ihre Hölle, sie ist tief unten gefangen in ihrer Finsternis und ich bin oben und kann bloß einen zittrigen Faden festhalten. Aber das tue ich mit aller Kraft. «Es wird wieder, Oma. Nicht mehr super, aber okay. Es wird irgendwie okay. Wir kommen da durch.»

Plötzlich höre ich doch ihre Stimme, ganz leise. «Wenn du das sagst ...» ist alles, was sie murmelt. Und sie klingt so tonlos, so verzagt und gleichgültig an der Grenze zum Zynismus. So weit weg.

Wie konnten wir die Warnsignale und das Ausmaß ihrer psychischen Probleme übersehen? Hätte ich Oma mehr oder anders unterstützen können oder sollen? Ich weiß es nicht. Grübelnd massiere und rubble ich ihren Rücken, weil sie das so mag, spiele ihr Chansons vor, weil sie die von früher kennt, umhülle sie mit Liebe, weil ich nichts anderes, aber das auf jeden Fall tun kann. Und achte die ganze Zeit krampfhaft darauf, dass mir das Wort «Opa» auf keinen Fall herausrutscht. Zwischen Kopf und Herz tobt eine Frage: Wie kann ich ihr bloß ein Fitzelchen Lebenswillen zurückgeben? Genug für ein paar Monate. Oder ein Jahr. Zeit, um ins Kabarett zu gehen oder zu lachen oder ein bisschen zusammen rumzuliegen. Zeit genug für Streuselkuchen. Nur noch ein bisschen, Oma. Nur noch ein bisschen.

Nach drei Stunden auf der Psychiatrie schleppe ich mich zu Opa ins Pflegeheim und erzähle ihm betont sachlich, dass Oma schon wieder ins Krankenhaus musste, weil sie insgesamt sehr erschöpft ist. «Ja, das verstehe ich. Dass die das mit dem Wasser in ihrer Lunge aber auch nicht in den Griff kriegen», nuschelt Opa ärgerlich und blickt an mir vorbei.

Ihm die Wahrheit zu erzählen, das schaffe ich nicht. Was soll ich auch sagen? «Deine Frau wollte sich unter anderem deshalb das Leben nehmen, weil du ein Pflegefall bist und sie sich nicht mehr um dich kümmern kann»? Wie soll man denn jemandem so eine Bürde auferlegen? Ausgeschlossen. Und obwohl ich weiß, dass es das Richtige ist, schäme ich mich, weil ich Opa anflunkere. Beinahe noch mehr als früher, als ich mit 13 einmal das ganze Geld für meine Monatskarte an einem Nachmittag auf der Rollschuhbahn auf den Kopf gehauen und behauptet habe, ich hätte es verloren. Wie früher ahnt Opa wahrscheinlich, dass ich ihm Bullshit erzähle. Und wie früher sagt er nichts.

Zwei Tage später sieht die Welt wenigstens ein bisschen anders aus. Oma kämpft sich zurück aus der Dunkelheit. Sie hat sich allein gewaschen und angezogen und ist mit dem Rollator auf dem Gang unterwegs. Sie zuckt nur noch manchmal mit den Schultern, als sei ihr alles egal. Sie trägt ihre Zähne und isst wieder ein wenig, und zwar am liebsten Kekse. Morgen soll sie auf die Geriatrie verlegt werden; ihre Blutgerinnungswerte spielen schon wieder verrückt, und dort kann man sich diesbezüglich besser um sie kümmern. Zusätzlich bekommt sie Antidepressiva. Und Therapiestunden.

Wir sitzen nebeneinander, und ich habe den Arm um ihre schmalen Schultern gelegt.

«Und wie ist das so für dich, Oma, wenn du dich bei einem Profi so richtig auskotzen kannst?»

«Das tut gut. Ich fühle mich richtig erleichtert», erzählt sie mir staunend. Und nach einer langen Pause sagt sie: «Was habe ich mir nur dabei gedacht?»

«Das weiß ich auch nicht. Ich schätze, du warst einfach sehr, sehr verzweifelt, Omilein.»

Sie legt ihre Hand auf meine. «Ich bin froh, dass es nicht geklappt hat. So einen Blödsinn mache ich nie wieder.»

Ich habe keine andere Wahl, als ihr zu glauben.

Opa bleibt im Heim

Ende August

Oma sitzt auf der Kante ihres aktuellen Krankenhausbettes und knabbert an Butterkeksen. «Ich hab wieder ordentlich Appetit!», sagt sie und grinst.

Hier auf der Geriatrie kümmern sich die Ärzte vorwiegend um ihre schwankenden Blutgerinnungswerte, das Wasser in ihrer Lunge und ihr Herzklappern. Was sie nicht können: Omas seelisches Leid und ihr Schuldgefühl beseitigen. Sie bekommt darum auch hier weiter Besuch von einer Therapeutin und Antidepressiva. Eine sehr gute Sache.

«Die nehme ich jetzt auch, das mache ich alles mit, ist mir scheißegal. Die paar Pillen mehr machen jetzt auch keinen Unterschied. Und wenn's mir hilft», sagt sie und streichelt meine Hand. «Die Therapeutin hat mich vorhin gefragt, ob ich mich wertlos fühle. Da habe ich ihr gesagt: ‹Kommen Sie mir nicht so. Ich habe meine jüngeren Geschwister, meinen kranken Sohn, meine Tochter und mein Enkelkind großgezogen und meinen Mann gepflegt – ich weiß ganz genau, was ich wert bin!›.»

Ich muss so laut lachen, dass die alte Dame im Bett

gegenüber kurz wach wird. Es geht Oma sichtbar besser, und das erfüllt mich mit ängstlichem Glück.

Und dann, als wir so Kekse knabbernd auf dem Bett liegen, fragt Oma erstmals von sich aus nach Opa, gedämpft und vorsichtig, so als fürchte sie die Antwort. Ihr Tonfall und ihre Worte klaffen kilometerweit auseinander. «Und?» Pause. «Was macht die alte Socke so?»

Ich erzähle davon, dass Opa manchmal in den Rollstuhl gesetzt wird, ab und zu mittags mit den anderen Senioren im Speisesaal isst, bei gutem Wetter auch in den Garten gefahren wird und mir der Pfleger dann mit seinem Handy die Fotos schickt. Davon, dass es im Heim zwar zuweilen echt chaotisch zugeht, weil es viel zu wenig Pflegekräfte gibt und die eben sehr schwer zu finden sind, aber dass die meisten Opa mögen oder zumindest geduldig ertragen und ihn freundlich behandeln. Dass er sich alles in allem im Pflegeheim eingewöhnt hat und es ihm gut geht, dass er nur etwas einsam ist, weil meine Schwester, Großcousine und ich ihn eben nicht jeden Tag besuchen können. Dass er alle herumkommandiert und anmeckert und nervt und dass das ja bei ihm ein sehr gutes Zeichen ist. Es ist die Wahrheit, und mit meiner Hand auf ihrem weichen Bauch spüre ich Omas erleichtertes Ausatmen. Und dann meins. Es wird, ganz langsam.

Irgendwann an diesem Nachmittag schmieden Oma und ich Pläne. Sie will, dass zu Hause ein Pflegedienst ihre Medikamente einteilt und ihr beim Waschen hilft, ihr Essen will sie künftig bestellen. «Ich hab keine Lust mehr zu kochen. Ich habe mein ganzes Leben lang gekocht, und jetzt will ich eben nicht mehr. Und ich werde unser Sofa zu Opa ins Heim bringen. Dann kann ich mich da auch mal hinlegen, wenn ich ihn länger besuche. Für mich kaufe ich dann eine neue Couchgarnitur. Irgendwas Billiges. Muss ja nicht mehr ewig halten.» Sie kichert.

Auch zum Abschied macht sie später Witze: «Ich brauch dringend Stoff. Besorgst du mir welchen?»

«Oma! Was sind denn das wieder für freche Sprüche?»

«Na, Lesestoff und Kekse – was dachtest du denn? Drogen krieg ich hier ja schon genug!»

Dann lacht sie so sehr, dass ihr verbliebener kleiner Oma-Bauch wackelt, und ich kann nicht anders, als mit geschlossenen Augen mitzulachen.

Opa hingegen ist erwartungsgemäß wenig erbaut von Omas Idee: «Was soll denn der Scheiß mit dem Sofa? Ich muss erst mal sehen, dass ich bald wieder hier rauskomme.» Ich schlucke. Ich muss es ihm sagen. Ich muss. Opa wird im Heim bleiben. Ob und wann Oma dazukommt, werden wir sehen. Ich nehme meinen ganzen Mut zusammen. Er reicht nicht.

«Also ... Das hängt davon ab, wie es Oma geht, weißt

du? Aber eins steht schon fest: Sie wird dich nicht mehr pflegen können. Auf absolut gar keinen Fall. Oder dir auf den Toilettenstuhl helfen. Das kann sie alles nicht mehr. Rein körperlich. Sie ist jetzt nämlich selbst ein Pflegefall, Opi.» Er schweigt.

«Tja, also ... Stell dich am besten darauf ein, dass du erst mal noch hierbleiben musst, Opi. Länger. Also sehr viel länger.»

Sein «Tja» klingt bitter und sticht. Er blickt auf sein sorgsam gefaltetes Taschentuch. Dann flüstert er: «Manchmal träume ich nachts, die Oma liegt hier neben mir im Bett, und dann will ich sie umarmen. Und dann wache ich auf und es ist nur die lange Kissenrolle.»

Oh, Opi. Die Traurigkeit nimmt mir die Luft. Ihm zu sagen, dass alles so bleiben wird bis ans Ende seines Lebens – ich bringe es nicht übers Herz. Möglicherweise, weil ich es selber nicht wahrhaben will. Opa «ins Heim stecken», das klingt so kalt und lieblos, das machen doch nur abgebrühte Schweine-Enkel, die nicht wissen, was wirklich zählt im Leben, die Pipi eklig finden und keinen Bock auf Alte haben. Im-Stich-Lasser. Egoisten. Arschlöcher. Oder?

Ich habe immer gedacht: Oma und Opa haben sich um mich gekümmert, als ich klein war, später kümmere ich mich um sie. Aber jetzt muss ich widerwillig einsehen, dass es harte, unüberwindbare Grenzen gibt. Ich habe selbst eine schwere Krankheit überlebt und muss auf meine Gesundheit achten. Jemanden bis zur Selbstzerstörung zu pflegen, damit ist keinem geholfen; das deutlichste Beispiel dafür ist Oma.

Es wäre einfacher, wenn Opa nicht so fürchterlich verbohrt und nicht so dement wäre. Dann könnten wir mit ihm eine Lösung besprechen und finden. Er versteht es aber nicht und kann gleichzeitig nichts dafür, das ist seine Krankheit. Wie soll ich also jemandem, der es nicht begreift, überzeugend darlegen, dass er nicht mehr nach Hause kann, weil … Unmöglich. Ich wünschte, Oma würde es ihm sagen. Aber das ist noch unmöglicher.

Am Hochzeitstag getrennt

Ende August 2014

Heute ist Omas und Opas 59. Hochzeitstag, und sie werden sich nicht sehen. Denn erst am Nachmittag wird Oma nach vielen Wochen aus der Klinik entlassen, und sie will nicht direkt ins Pflegeheim, sie will sich nicht überfordern. Das sind ihre ersten Schritte in Richtung Selbstschutz und Verantwortung, und ich unterstütze das sehr. Trotzdem ist es traurig. Die beiden waren in ihrem ganzen Leben noch nie so lange voneinander getrennt, schon gar nicht an ihrem Hochzeitstag.

Damals, am 27. August 1955, waren sie jung und gesund und ahnungslos und hatten ihr ganzes Leben noch vor sich. Es war ein sonniger, heißer Tag, 27 Grad, sagt Oma, und die Welt war eine andere.

«Es gab nicht so viele Taxis wie heute, es gab nur ein einziges Taxi in der ganzen Gegend, also musste das immer hin und her fahren, um alle Gäste nacheinander zur Kirche zu bringen. Opa und ich waren die Letzten. Wir saßen noch zu Hause und konnten die Kirchenglocken schon hören, und ich hatte solche Angst, dass wir zu spät kommen», erzählt Oma manchmal.

Ihr Brautkleid war altweiß und bodenlang, aus einem dezent strukturierten Stoff, sehr schlicht und für 40 Mark, was damals viel Geld war, von einer Schneiderin ihres Vertrauens selbst genäht. Sachen von der Stange mochte Oma noch nie besonders. Die Gäste, hauptsächlich Familienmitglieder, trugen ärmellose, taillierte Blümchenkleider und kurze, dauergewellte Lockenschöpfe oder etwas zu große, weit geschnittene Anzüge und straff gekämmte Frisuren zu gestutzten Bärten, die unangenehm ans Deutschland der dreißiger und vierziger Jahre erinnerten. Aber der Zweite Weltkrieg ist zu diesem Zeitpunkt bloß ein paar Jahre her gewesen.

Die Feier fand in ihrem Zuhause statt, einer kleinen Holzhütte im Industriegebiet im Hamburger Osten – einer «beengten Baracke», wie Oma sie nennt. «Wir haben alles aus- und zur Seite geräumt, damit überhaupt jemand Platz hatte!» Direkt nach der kirchlichen Trauung gab es Kaffee und Nusstorte und natürlich die ersten Schnäpse. «Du kennst doch deine Familie», sagt Oma immer, «die trinken alles!» Es gab ostpreußischen Bärenfang, Mokka- und Kirschlikör. «Aber Likör kann auch scharf sein, wenn du nur den richtigen trinkst.» Ja, meine Oma war schon immer eine weise Frau.

Es wurde aber natürlich nicht nur getrunken, sondern auch ordentlich gegessen: Hühnersuppe, Schweinebraten mit Erbsen und Möhren, Rotkohl und Geflügel. Diejenigen Hühner und Enten, die dieses Mal noch davongekommen waren, liefen aufgeregt zwischen den Füßen der Gäste umher. «Wir konnten draußen sitzen, das war so schön», berichtet Oma. «Opas Cousin Alfred hatte sein Schifferklavier mitgebracht und Musik gemacht, also haben wir dazu die ganze Nacht gesungen und getanzt. Wir haben viel gelacht, es gab keinen Streit und gar nichts. Bis zum Morgengrauen haben wir gefeiert. Alles war einfach und primitiv und trotzdem schön.» Ist es das nicht immer, wenn wir jung sind?

Dabei wollte Oma gar nicht heiraten. «Ach, ich war noch lange nicht so weit. Aber der Opa und ich haben uns getroffen und sind öfter ausgegangen, er war sehr charmant, und er hatte nichts und ich hatte nichts, also passten wir gut zusammen. Wir waren beide Flüchtlinge. Und meine Familie war begeistert von ihm! Die kannten sich doch alle aus dem Nachbar-Ort in Ostpreußen.»

So fing es an, das erzählt sie immer wieder. Doch fast hätte Opa alles versaut: «Ich musste arbeiten, und er sollte die Torten für unsere Verlobungsfeier abholen. Stattdessen hat er mit seinem Cousin Lütt un Lütt getrunken. Also, ich war wütend auf deinen Opa, ich kann dir sagen! Da war ich drauf und dran, alles abzusagen. Aber was hätten dann die Leute denken sollen? Ich habe immer viel darauf geachtet, was die Leute denken. Vielleicht war das mein Fehler.»

Nachdenklichkeit liegt in ihrer Stimme. Und so hat sie ihn geheiratet, zu ihm gehalten und ihn geliebt, ein ganzes, zähes Leben lang, durch alle Krisen und Katastrophen und immer noch. Über die Hochzeitsnacht gibt es übrigens nicht viel zu sagen. «Wir hatten ja alles aus- und weggeräumt, auch die Betten. Aber ... Also, geschlafen haben wir jedenfalls nicht.» Wenn Oma das erzählt, muss sie lächeln.

Zu Hause habe ich eine Karte aufbewahrt, die Opa Oma zu ihrem 50. Geburtstag 1983 geschrieben hat. Darin steht: «Mein liebes Schnuckilein, so nenne ich Dich seit über 25 Jahren und tue es noch heute gern. Wenn es damals Verliebtheit war, als ich Dich das erste Mal sah und Dich zum ersten Mal küsste, so ist es heute Liebe, die in vielen Jahren Gemeinsamkeit gewachsen ist und die noch viele schöne Jahre bestehen möge.»

Ich finde, die beiden sollten daran erinnert werden. Gerade jetzt und überhaupt. Daran, dass ihre Liebe nicht immer nur Kummer war oder Pflicht. Sondern dass sie mal unbeschwert und frei waren, ihre Herzen mindestens eine Augustnacht lang miteinander getanzt haben wie zwei Glühwürmchen. Weil ihre Zukunft damals aus allen Möglichkeiten bestand. Darum schicke ich beiden via Lieferdienst je einen großen Blumenstrauß mit Karte. Auf einer steht: «Mein Schnuckilein, ich liebe dich seit 59 Jahren. Danke, dass du meine Frau bist. In Liebe, Opa.» Und auf der anderen: «Mein Liebster, heute sind wir seit 59 Jahren verheiratet und ich liebe dich wie am ersten Tag. In guten und in schlechten Zeiten. Du bist immer in meinem Herzen. In Liebe, Oma.»

Man darf nämlich die Liebe nie vergessen. Sie ist alles, was uns bleibt.

Das Wiedersehen

Ende August

Es ist so weit. Heute kommt Oma endlich Opa im Heim besuchen – nach zwei fast ununterbrochenen Monaten. Ich bin extra eine halbe Stunde früher da, helfe Opa beim Rasieren, feile ihm die Nägel, putze ihm die Ohren. Und gebe ihm Ein- und Anweisungen.

«Oma wird dir Sahnetorte mitbringen, um dir eine Freude zu machen, und ich weiß, dass du wieder meckern willst – weil du eben aus Reflex einfach immer meckerst – aber diesmal versuchst du zur Abwechslung mal was anderes. Verstanden? Du sagst einfach ‹Oooh, Torte – wie lecker!› Sprich mir nach!» Er grunzt und grinst mit einem halben Mundwinkel.

«Und bei mir kannst du dich nach Herzenslust auskotzen, Opa. Das machst du ja schon immer. Aber nicht, wenn Oma da ist. Dann wird nicht gemosert und gejammert, hörst du? Sie kann das grad nicht so gut vertragen. Reiß dich zusammen! Das ist deine Frau, die braucht dich jetzt.»

«Jaja.»

«Jaja heißt ...»

«Ich weiß, was das heißt.»

Ich grinse in mich hinein. Schweigend feile ich weiter seine Nägel, dass es nur so staubt. Von Omas Suizidversuch nach ihrem letzten und bis dato einzigen Kurzbesuch bei ihm im Pflegeheim weiß Opa nichts. Das soll auch so bleiben.

Etwas anderes hingegen weiß Opa inzwischen sehr wohl – dass er hier bleiben wird und dass das «erst mal» ein «für immer» ist. Ich habe es ihm endlich deutlich gesagt, vor ein paar Tagen. Mit zugeschwollenem Hals. «Es geht nicht anders, Opi. Die Omi schafft das nicht mehr. Die geht daran zugrunde, verstehst du?»

«Das ist mir gar nicht recht!», rief er und setzte sich fast auf. Doch im Gespräch wurde ihm deutlich, dass es wirklich nicht anders geht. Zumindest wirkte er so. Es war einer seiner halbwegs guten, klaren Tage; auf so einen hatte ich gewartet. Und auch jetzt erkläre ich es ihm wieder: «Du hast Parkinson, Opa. Wie Michael J. Fox, der Schauspieler. Und das ist nicht tödlich und nicht so schlimm, und man kann es behandeln, aber es geht eben nicht wieder weg. Nie mehr. Und Oma kann dich rein körperlich nicht mehr betreuen. Verstehst du das?»

«Ja.»

Er guckte mir lange in die Augen und ich glaubte ihm.

Es klopft – bedächtiges Besucherklopfen; das Personal touchiert gewöhnlich nur mit einer Hand, während die andere schon am Griff zieht. Langsam öffnet sich die Tür. Und dann steht sie da: Oma. Sie hat extra ihre gute Perlenkette umgelegt. «Von der habe ich geträumt», wird Opa später murmeln, und wir wissen nicht, ob es stimmt oder die Demenz es ihm einflüstert.

Pustend schiebt Oma den Rollator vor sich her und blickt dann um die Ecke auf Opa im Bett. «Liebling», sagt sie nur, und die Augen ihres Ehemannes weiten sich vor Freude, sein Mund verzieht sich zu einem Strahlen. In weiser Voraussicht hatte ich schon den Beistelltisch zur Seite geschoben, sodass Oma ohne Umwege an sein Bett kann. Sie lässt den Rollator stehen, schlurft wacklig an sein Bett, beugt sich über ihn, hält seine spitzen Schultern und küsst ihn auf den Mund. Mehrfach. «Ach, Opi – wir haben uns so lange nicht gesehen!» Sie halten sich minutenlang aneinander fest.

Auf dem Beistelltisch steht der Blumenstrauß, den Oma Opa geschickt hat. Also, ich. In Omas Namen. «Ich war ganz schön krank, Opa», ächzt sie, als sie umständlich auf dem Stuhl an seiner Seite Platz nimmt.

«Wie alt bist du denn nun schon?», fragt er nach kurzer Überlegung.

«81.»

«Ach, Oma. Na, dann ist das ja auch kein Wunder.» Wir lachen alle zusammen, endlich wieder, und es klingt so gut.

Meine Großcousine, die Oma hergefahren hat und

mitgekommen ist, holt eine Tüte hervor. «Was haben wir denn da?», sage ich und strahle.

Opa sagt, fast wie verabredet: «Oooh, Torte ...»

Den Rest hat er vergessen, und ich versuche, ihm auf die Sprünge zu helfen. «Was wolltest du Oma noch mal sagen? Was haben wir geübt?»

«Ich liebe dich, Oma?»

«Genau!»

Das ist noch viel schöner als der Ursprungsplan.

Nach der Nusstorte – von uns vieren ist Opa der Einzige, der sein ganzes Stück verputzt – setze ich Oma in den Rollstuhl und fahre sie im Pflegeheim herum. «Eine richtige Sightseeing-Tour», sagt sie und lacht. Wir sehen mehrere Speisesäle; größere Zimmer, die mit Schrankwänden, Sofas und Pflanzen eingerichtet sind; das Foyer; den Garten mit Rosen, Lavendel und Springbrunnen. «Das ist sehr schön gemacht hier alles, das muss man schon sagen», meint Oma ernsthaft nickend. Auf dem Rückweg begegnen wir dem Stationspersonal. Übergabezeit. «Das ist die berühmte Oma», stelle ich sie vor, und alle begrüßen sie mit Handschlag und Fragen nach ihrem Befinden, und Oma findet es gar nicht so schlecht im Mittelpunkt.

Wir rollen zurück zu Opa, sie setzt sich wieder an seine Seite und streichelt sein knorriges Beinchen. Er wendet kaum den Blick von ihr und schweigt. In die Stille hinein sagt sie: «Ach, Opi – das ist schon scheiße alles. Ich weiß das auch. Aber wir müssen jetzt das Beste machen aus unseren letzten Lebensjahren, aus unserem großen Finale.» Er nickt unmerklich, aber es mag auch das Parkinson sein.

Nach fast zwei Stunden wird Opa müde und Oma auch. Zeit für die Verabschiedung. Wieder Küsschen und noch mehr Küsschen und Umarmungen. «Mach's gut, mein Liebster. Du bist hier ja gut aufgehoben», sagt sie und tätschelt seine Wange. In ein paar Tagen will sie wiederkommen. Möglicherweise irgendwann für immer. Denn auf dem Heimweg im Auto meint Oma unvermittelt: «Wisst ihr ... Ich finde das Heim so schön, vielleicht zieh ich da auch bald mal hin.» Und das würde nicht nur Opa freuen.

So läuft es im Pflegeheim

Anfang September

Die dünne Schaumstoffmatratze lehnt tatenlos an der Wand, seit wir vor Wochen unsere eigene für Opa mitgebracht haben. Seit gut zwei Monaten ist Opa nun im Pflegeheim. Zeit für eine Bilanz: Ein Heim ist nicht Disneyland.

«Mir gefällt das alles nicht», motzt Opa derzeit ständig, wenn ich ihn besuchen komme. Er ist frustriert, unzufrieden. Weil er weiß, dass er hier bleiben muss. Weil er hilflos ist und sich manchmal daran erinnert, wie es war, als es noch nicht so war. Weil nicht alles exakt so läuft, wie es laufen sollte und wie er es gern hätte.

Wir haben hier bisher viel Gutes erlebt. Wie liebe- und respektvoll einige Pflegekräfte mit Opa umgehen, ihm über die Wange streichen, ihm extra viel Leberwurst oder Marmelade aufs Brot schmieren, weil er das so gerne isst. Unermüdlich freundlich Becher, Klingel und Fernbedienung auf seinem Tisch zurechtrücken. Immer wieder kommen, wenn er immer wieder klingelt. Wie herzlich alle auch Oma begrüßen und ihr und uns immer etwas vom Essen anbieten oder eine Kanne

Kaffee im Zimmer stehen lassen. Wie einer der Pfleger mit Opa im Rollstuhl in den Garten fuhr, ein Selfie machte und es mir schickte – etwas, das ich sonst nur aus der Kita-Eingewöhnung der Kinder meiner Freundinnen kenne. Das alles ist nicht selbstverständlich, das ist wunderbar, das ist menschlich und lässt Vertrauen wachsen.

Wir haben aber leider auch Schlechtes erlebt. Wie die Pflegeassistentin, die Opas Stuhlgang einen halben Tag lang im Topf des Toilettenstuhls vergaß und niemand sein Klingeln und seine Beschwerden ernst genommen hat, bis das ganze Zimmer bestialisch stank. Gestresste Pflegekräfte, die Opa sehr hektisch aus dem Bett zerren, ihn dadurch aufregen und zusätzlich verunsichern. Beginnenden und von mir höchstpersönlich wieder eingedämmten Dekubitus. Absprachen, die nicht eingehalten werden. Das mühsame Immer-hinter-allem-her-Sein; ein geschätztes Drittel meiner Besuchszeit bei Opa geht dafür drauf, Dinge zu erfragen, zu organisieren, einzufordern, zu verstehen. Das ist zermürbend und nervenaufreibend – und zwar für alle Beteiligten.

Und dann neulich der Tabletten-Vorfall. Als «alter Ostpreuße» legt Opa großen Wert auf Pünktlichkeit und geregelte Abläufe, das war schon immer so. «Lieber fünf Minuten früher da sein» – einer seiner Leitsprüche. Er ist ein Kontrollfreak, und dieser Wesenszug hat sich durch Alter, Hilflosigkeit und Demenz noch verstärkt. Ihm sei «Pünktlichkeit sehr wichtig», steht in seinem Pflegebericht. Als Parkinson-Patient ist Opa zudem auf die regelmäßige Gabe seiner Medikamente angewiesen. Umso dramatischer, wenn genau das nicht funktioniert.

«Ich bekomme normalerweise immer zwei Pillen», prangert Opa neulich abends an. Ich bin unsicher und wähle Omas Nummer, um nachzufragen. «Ja, mir ist auch so. Aber genau kann ich mich nicht erinnern», sagt sie. Also trotte ich mal wieder zum Stationszimmer – und treffe überraschenderweise einen Pfleger an.

«Nee, ich hab hier die ganze Woche nur eine für ihn drin.»

Ich schnaubseufze. «Könnten wir mal einen Blick auf seinen Medikamentenplan werfen? Den habe ich neulich hier abgegeben.» Und mit «wir» meine ich nicht mich.

«Oh, das ist leider gar nicht meine Station. Ich bin hier nur eingesprungen. Da weiß ich jetzt nicht, wo ich gucken muss», sagt er und dreht sich schon halb um.

Ich bleibe beharrlich. «Äh, im Computer vielleicht?»

Er setzt sich an den Rechner und klickt und runzelt die Stirn und klickt und klickt und siehe da: Nach einiger Recherche stellt sich heraus, dass eines von Opas Medikamenten zwar schon seit Tagen bestellt, aber noch nicht hier ist. Festhängend zwischen Arzt, Apotheke und Heim. In meiner Hosentasche drücke ich meine Fingernägel in die Handflächen und ringe um Ruhe.

«Kurze Frage: Wie kann es denn sein, dass keine Tabletten mehr da sind? Wie passiert so was? Ich meine, dass sie zur Neige gehen, sieht man doch rechtzeitig vorher, oder? Und es handelt sich hier ja nicht um Vitaminpillen – das sind Parkinson-Medikamente, die sind wichtig. Ohne die geht es meinem Opa nicht gut, er bekommt schlimme Angstzustände, Zittern und weiß der Teufel was für Probleme, und er versteht noch nicht mal, warum!»

Doch mein Unmut trifft ins Leere, wie jedes Mal, und wahrscheinlich nicht mal zu Unrecht: «Ich weiß. Aber dazu kann ich Ihnen leider nichts sagen. Das ist nicht meine Station.»

Es sind in diesem Moment mal wieder nur zwei Leute für etwa 40 Bewohner da; eine Zeitarbeitskraft und ein Mensch von einer anderen Station. Zwei, die sich nicht auskennen, die sich gar nicht richtig kümmern können und die sich darüber aufzuregen aufgegeben haben. Schulterzucken, abwimmelndes Huschlächeln, weitermachen. Kann sein, dass die Tabletten vom Heim aus nicht rechtzeitig bestellt worden sind. Kann sein, dass Opas Arzt schlecht zu erreichen gewesen ist. Kann sein, dass das mit dem Rezept ewig gedauert hat oder beim falschen Faxgerät angekommen ist und es niemand gemerkt hat. Kann sein, dass die Apotheke einfach nur schneckengleich arbeitet. Kann alles sein. Fakt ist aber: Ohne seine Pillen geht es meinen Großvater scheiße.

Zu meiner Erleichterung werden die Tabletten später für Opa «organisiert», weil ich darauf dränge und nicht locker lasse und nerve. Was aber, wenn ich nicht da wäre? Was ist mit all den Alten, die niemanden haben, der sich für sie einsetzt? Mit denen, die ihre Stimme nicht mehr finden und nicht mehr wissen, wer sie sind und welche Medikamente sie bekommen müssen. Die sich einfach nicht wehren können. Und vor allem: Wie ist das mit Tabletten, die absolut lebenswichtig sind wie Herzmedikamente?

Der Gedanke an all die dadurch passierten und noch ausstehenden Desaster macht mir wacklige Knie. Das Problem ist: Es gibt eklatant zu wenig Personal und ständig wechselnde Betreuer, Tauschkräfte von anderen Stationen oder ZeitarbeiterInnen, die die Patienten nicht kennen und nicht genug eingearbeitet werden können. Aber nicht wenige Pflegekräfte entscheiden sich deshalb bewusst für Zeitarbeit, weil sie dann nicht so viel Dokumentation machen müssen und ihnen mehr Zeit fürs Pflegerische bleibt. Es gibt zumindest für Angehörige und Bewohner restlos undurchschaubare Strukturen und dauernd andere oder abwesende Ansprechpartner. Die Prozesse und Abläufe sind nicht transparent.

An welcher Stelle soll man als Angehöriger denn einhaken, nachfragen, mithelfen, unterstützen, wenn etwas schiefläuft oder etwas fehlt? Wo und wie mit wem kommunizieren? Sagen kann es einem keiner, besonders nicht im Schichtbetrieb mit Zeitarbeitskräften, wo ohnehin ständig Informationen verloren gehen. Der eine weiß nicht, was der andere tut, getan hat, zu tun plant oder hätte tun müssen. Eine Art kollektiver Demenz. Mit fatalen Folgen: Chaos, Stress und fehlende Pillen.

Das liegt nicht an den Menschen, das ganze System ist kaputt. Pflegekräfte werden schlecht bezahlt für ihre harte Arbeit. Berufsanfänger im öffentlichen Dienst bekommen laut Tarif rund 2400 Euro brutto, im privaten Bereich allerdings weniger. Vor allem jedoch steigen die Gehälter kaum. Nach 20 knüppelharten Berufsjahren in der Pflege sind so 2700 bis 3000 Euro brutto drin, mit ein paar Weiterbildungen etwas mehr. Die Leidtragenden sind vor allem die Alten, unsere Alten, meine Großeltern.

Aber nicht nur sie; ein Pflegejob bedeutet enorme physische und psychische Arbeitsbelastung, große Verantwortung, immer wieder Abschied nehmen. Händchen und Töpfchen halten, Tränen und Windeln trocknen und dabei dem eigenen Anspruch und dem zwischenmenschlichen Bedarf vorwiegend aus Zeitgründen niemals gerecht werden können. Unter diesen Voraussetzungen kein reizvoller Beruf.

Und da kommt ein Riesenproblem auf uns zu: 2040

wird es in Deutschland schätzungsweise 23,6 Millionen Alte geben, gleichzeitig aber auch immer weniger junge Menschen, die sich um sie kümmern wollen oder können. Und was dann – Pflegeroboter? Nein, alte Menschen brauchen und verdienen Zuwendung und Liebe. Mal ehrlich: Wollen oder können wir das als Gesellschaft nicht endlich in Ordnung bringen?

Ich setze mich neben Opa und halte seine Hand. Seine Pöbelei lasse ich an mir vorbeiströmen. Ich kann ja ohnehin nicht mehr tun, als ihn zu beruhigen und einfach nur für ihn da zu sein. Mein Blick fällt auf die Matratze in der Ecke. Die examinierte Altenpflegerin hatte verbindlichst beteuert: «Ich sage direkt dem Hausmeister Bescheid, damit er sie gleich morgen abholt, ist doch alles gar kein Problem!» Das ist über eine Woche her.

Liebe in Zeiten des Pflegeheims

Ende September

Wenn ich Opas Einzelzimmer im Pflegeheim betrete, zwei Schritte mache, hinter dem Vorsprung hervorhüpfe und «Opiii!» rufe, strahlt er übers ganze, sonst so starre Gesicht. Jedes Mal. Auf Fremde würden sein zahnlos verzerrter Vogelschnabelmund und seine verschobenen Runzeln wohl wie eine Grimasse wirken. Aber ich kenne meinen Opa. Ich weiß, wann er sich freut.

Wir haben eine Routine: Ich beuge mich über ihn und küsse ihn dreimal hintereinander auf den Mund, weil er dann wieder lacht, anschließend gehe ich meine Jacke ausziehen und Hände waschen, und dann sagt Opa: «Wir müssen mal wieder eincremen.» Mit «wir» meint er mich und im Detail seinen dekubitusgefährdeten Po. Für mich ist das Standard geworden. Ich helfe ihm dabei, sich auf die Seite zu drehen, ziehe ihm vorsichtig hinten die Windel runter, wische mit einem Öltuch über die faltige Haut, um alles gründlich sauber zu machen. Dann nehme ich die fetthaltige Speziallotion und reibe alles gewissenhaft ein. Im Grunde so, wie er das früher mit mir gemacht hat, als ich ein Baby war. *The circle of life.*

Danach ist Zeit zum Reden. Das bedeutet bei Opa konstantes Beschweren. Über seinen Katheter. Über die Pflegekräfte, die seine Tabletten nicht immer pünktlich bringen, die ihn zu lange warten lassen, wenn er klingelt oder auf dem Toilettenstuhl sitzt, die den Tisch nicht exakt genug hinstellen, die Gardine nicht richtig zuziehen, das Licht anlassen oder die falsche Lampe einschalten und überhaupt alles falsch machen. Und immer wieder der Katheter.

«Der läuft nicht richtig», wiederholt er.

«Doch, Opa. Tut er, kannst du mir glauben», lautet meine typische Antwort.

«Nee, guck mal, das geht da nicht weiter, das geht da nicht hoch. Siehst du das denn nicht?»

«Opa, dein Katheter läuft. Wirklich.»

Er glaubt mir nicht – egal, wie oft ich ihm versuche, die Mechanik mit Hilfe des Gartenschlauch-Gleichnisses zu erklären.

«Guck, Opa – dein Urin kommt ja nicht in einem einzigen, dauernden Strahl aus der Blase wie aus dem Wasserhahn, sondern kommt immer so tröpfchenweise in den Schlauch. Darum ist da kein Druck drauf. Und dann fließt er erst hier an der Seite runter und muss dann da hinten am Bett-Ende noch mal eine kleine Kurve hoch und dann in den Beutel. Das geht aber nicht so einfach, weil ja kein Druck da ist. Also muss sich der Urin sammeln, und irgendwann ist es genug und ein Teil fließt in den Beutel. Das ist wie bei einem Gartenschlauch, der einfach rumliegt. Weißt du noch, Opi? Im Garten? Wenn der Wasserhahn nicht an ist und da ist noch ein bisschen Wasser im Schlauch, dann muss man den erst anheben, damit das Wasser vorne rauskommt.»

«Was erzählst du denn da wieder für einen Blödsinn!»

Meine gute Laune verschwindet und Opa meckert weiter. Ich höre zu, ich kann seinen Text fast auswendig. So kenne ich ihn schon mein ganzes Leben lang. Verstehen kann ich es manchmal besser und manchmal überhaupt nicht.

Heute ist es Letzteres; ich kann sie einfach nicht mehr hören, diese Schallplatte der Negativität mit Motz- und Jammersound. Wir versuchen doch schon, alles Machbare und Mögliche zu tun, damit Opa einen erträglichen Lebensabend hat. Die stundenlangen Hin- und Herfahrten, das Zuhören bei den immer gleichen Geschichten, das Verständnis, das Eincremen und Nägelfeilen und Ohrenputzen und Organisieren. Ich tue das für ihn, und es wäre so wunderbar, so dringend nötig, zu spüren, dass es irgendeinen Effekt hat, dass meine Mühe, meine Liebe wirksam sind. Dass das, was ich, was meine Oma und meine Schwester und der Rest der Familie, was wir im Rahmen unserer Möglichkeiten für ihn auf uns nehmen – einfach, weil wir ihn lieben –, dass er es merkt und sich erinnert und sich deshalb minimal besser fühlt. Eine heiße Wutkugel ballt sich in meiner Magengegend.

«Ach, was hat dich denn bloß so werden lassen, Opa? Du bist ständig unzufrieden, verbittert, schlecht gelaunt und unglücklich, und das liegt nicht nur daran, dass du jetzt hier bist. Sobald was nicht so läuft, wie du das willst, schimpfst du. Das war schon immer so, seit ich mich erinnern kann. Was ist denn in deinem Leben nur mit dir passiert, dass du so ängstlich und garstig geworden bist?»

Er nuschelt und fummelt an seiner gefalteten Serviette und sagt: «Ich weiß nicht. Der Krieg? Der Russe?»

Die Wutkugel verpufft jäh. Über das, was er damals in Kriegsgefangenschaft in Tapiau erlebt hat, schweigt er. Ich streichle seine Hand. Und ich versuche, Verständnis zu wecken.

«Weißt du Opi, wir alle sind nur begrenzt belastbar. Und die Pflegekräfte haben hier auch noch viele andere Menschen, um die sie sich kümmern müssen. Du bist nicht der einzige Bewohner. Und manchen davon geht es noch viel, viel schlechter als dir. Oft brauchen sie richtige Hilfe, zum Beispiel, wenn sie hingefallen sind oder so. Und dann geht das natürlich vor, verstehst du? Das ist hier nicht wie bei Oma, die immer sofort gesprungen ist, wenn du mit den Fingern geschnippt hast.»

Ich bin mir ziemlich sicher, dass ich zu ihm durchgedrungen bin, er hat nicht ein einziges Mal weggeguckt. Und dann sagt er: «Ich kann überhaupt nicht mehr mit den Fingern schnippen.» Meine innere Anspannung lässt nach, ich muss trotz allem grinsen.

«Du weißt ganz genau, was ich meine, du alter Sturkopf.» Aber Opa suhlt sich weiterhin bis zum faltigen Hals in schlechter Laune.

«Ach, hör mir auf. Du weißt ja gar nicht, was für Wörter die Oma damals immer benutzt hat. Sie hat mich richtig beschimpft. Esel hat sie mich genannt und gesagt, dass ich sie wohl immer nur ärgern will.»

Ich senke den Kopf. Das war Omas Überforderung. Ohne die Dauerbereitschaft für ihren pflegebedürftigen Mann geht es ihr halbwegs gut. Sie hat sich an ihr Alleinsein gewöhnt und kommt im Alltag einigermaßen problemlos zurecht. Ins Heim will sie vorerst doch nicht ziehen, noch nicht. Verständlicherweise: Zu Hause schläft sie, so lange sie will, niemand scheucht sie hoch. Sie liest die ganze Nacht durch, wenn ihr danach ist, niemand scheucht sie ins Bett. Sie isst, was sie will, wann sie will und lässt das mit dem Kochen sein, niemand scheucht sie in die Küche. Der Besuch darf bleiben, so lange er mag, niemand scheucht ihn nach Hause. Oma lebt zum ersten Mal in ihrem ganzen langen Leben so richtig allein, und es gefällt ihr ziemlich gut. Neulich hat sie es mit dem Rollator sogar allein bis zum Supermarkt und zurück geschafft.

Dank neuer Medikamenteneinstellung hat sie wenig bis keine Schmerzen mehr, sie verträgt auch die Antidepressiva gut. Der medizinische Pflegedienst kümmert sich um die Einteilung der Tabletten, das ist eine große Erleichterung. Und sie besucht Opa mehrmals pro Woche im Pflegeheim.

Oma hat wieder Lebensmut und Zuversicht. Aber sie vermisst ihren Mann trotz allem sehr. Neulich am Telefon sagte sie: «Kind, bleib du mal zu Hause. Ich fahr heute zu Opa. Ich hab nämlich richtig Sehnsucht nach ihm. Wenn ich so an ihn denke und mir sein kleines Gesicht vorstelle und wie er da so hilflos auf dem Rücken liegt, wie ein umgefallener Käfer ... Da tut mir richtig das Herz weh vor Sehnsucht. Ist das nicht verrückt?»

«Nee, Oma. Das ist Liebe.» Aber kann das überhaupt funktionieren, getrennt leben nach 59 Jahren?

Oma geht mit der Situation so um, wie sie es gelernt hat: Sie versucht, das Beste draus zu machen, und wiederholt regelmäßig ihr Motto: «Es kommt eben alles, wie es kommen soll.» Wenn sie nicht zu Opa fährt, weil das Geld mal wieder knapp, das Taxi zu teuer ist und niemand mit Auto Zeit hat, dann ruft sie ihn wenigstens an. Sie sprechen nicht lange und auch nicht sehr viel, meistens redet Oma. Erzählt von ihren Arztbesuchen oder davon, wie es meinem Onkel geht und meiner Mutter, meiner Schwester und mir, von Tabletten und Pillen und Alltagsgeschichten. Sie bespricht mit ihm Kontoauszüge und Geldangelegenheiten, dann fühlt er sich nicht vollständig ausgeschlossen.

«Das ist wichtig für ihn, weißt du», sagt Oma, und sie hat recht. Aber auch für sie ist das entscheidend. Zu wissen, dass es ihrem Mann gut geht und er noch immer ein Teil ihres Lebens ist, obwohl er allabendlich in einem anderen Bett in einem anderen Stadtteil einschläft.

Ich erzähle Opa von Omas Sehnsucht, und trotz seiner schlechten Laune lächelt er kurz. Es ist wichtig, dass er das weiß und spürt, wahrscheinlich genau so wichtig wie seine Tabletten. Auch wenn seine Demenz die Erinnerung an dieses Gefühl wohl bald wieder schwinden lässt. Dann nehme ich beide Knitterhände und schaue ihm fest in die Augen.

«Weißt du überhaupt, Opa, warum ich immer eine Stunde hin- und eine wieder zurückfahre, nur um dich hier im Pflegeheim zu besuchen und mit dir ‹Mensch ärgere dich nicht› zu spielen und mich dabei von dir abziehen zu lassen? Warum ich deinen Katheterschlauch immer wieder richtig hinlege, deine Becher auf dem Tisch gerade rücke, mit dir Leberwurstbrot esse, obwohl ich Leberwurst hasse, mir dein Gemecker anhöre und deinen Po eincreme?»

«Nein.» Erwartungsvoller Blick, die Serviette ruht.

«Es gibt einen ganz einfachen Grund, Opi.» Ich lächle und sage: «LIEBE.»

Er guckt mich an und nicht an mir vorbei.

«Fühlst du dich geliebt, Opi? Jetzt, in diesem Moment?»

«Ja. Ich hab dich auch lieb, ich kann’s nur nicht so zeigen.»

«Das ist alles, was ich wissen muss.»

Dann lege ich meinen Kopf auf seine vollgekrümelte Brust und höre seinem Herzen zu.

Opa fehlt zu Hause

Anfang Oktober

Schon nach ein paar Wochen hat Oma die ungewohnten Freiheiten des Singlelebens wieder satt. Sie sind eben nicht so stark wie die Gewohnheit. «Mir ist manchmal ganz schön langweilig ohne Opa.» Oma klingt verdutzt und klemmt ihren umherwandernden Blick ans Schlafzimmer. Dort steht nur noch ihr Bett, Opa ist inzwischen offiziell im Pflegeheim gemeldet, und Oma ist nach ihren Krankenhausaufenthalten in der kleinen Dreizimmerwohnung zurückgeblieben.

Es geht ihr gut so weit, aber nach 59 Jahren Ehe und zwei Jahren Rund-um-die-Uhr-Pflege ist es schwer, die plötzliche Leere zu füllen, nicht nur räumlich. Opa ist allgegenwärtig. Es ist immer noch «Opas Sessel», auf der Kommode steht sein Rasierwasser. Sein «neuer» Bademantel aus den neunziger Jahren baumelt noch an der Schlafzimmertür, seine gerahmte Versicherungsvertreter-Urkunde für 25 Jahre treue Dienste prangt goldgerahmt an der Wand, sein dunkelgrüner Winterhut aus Cord hängt an der Garderobe. Und doch wird er nie wieder hierherkommen. Nie mehr.

Ich gucke auf den schmalen Spalt in der Ecke zwischen Eichenschrank und Wand. In dem habe ich mich als Kind immer versteckt, wenn Opa von der Arbeit nach Hause kam. Sobald er im Wohnzimmer war, hüpfte ich aus der Ecke und schrie «Überraschung!», und er tat überrascht, jedes Mal. Das lief so lange, bis ich eines Tages nicht mehr reinpasste. Ich muss lächeln. Im Pflegeheim machen wir es ganz ähnlich, nur dass er im Bett liegt und ich ihn besuchen komme.

Ach, früher! Als die Sorgen noch genau so klein waren wie ich. Ich erinnere mich daran, als Opa Anfang der Achtziger einmal mit einem blauen Auge verkatert auf dem Sofa lag, es war ein rotes aus Cordsamt, und ich, damals drei, ihm immer wieder einen kalten Waschlappen aufs Gesicht legte und «Armer, armer Opi», sagte. Das blaue Auge kam von einer Kneipenkeilerei, er war ein Choleriker und hat gern gefeiert. Aber mir erzählte Opa, er wäre gegen einen Baum gelaufen, und ich glaubte ihm uneingeschränkt. Wie wütend ich auf Oma war, als sie lachend sagte: «Nee, der Opa hat sich geprügelt»! Opa, «mein bester Kumpel» – so nannte ich ihn oft damals. Wahlweise auch «Ziegenbock-Opa», weil er schon immer so meckerte.

Ich erinnere mich daran, wie er im Zimmer nebenan für mich in monatelanger Kleinarbeit ein Puppenhaus gebaut hat, heimlich, mit seinen eigenen Händen, die heute nicht mal mehr schnipsen können. Es hatte vier

Zimmer und ein schönes Dach, einen Schornstein, richtige Fenster mit Vorhängen und Teppichboden, und das Dach ließ sich auch als Rutsche benutzen. Ich war ein bisschen verstimmt, weil meine Barbies im Obergeschoss nur sitzen oder liegen konnten. Aber es war das schönste Geschenk, das mir je jemand gemacht hat.

Ich erinnere mich daran, wie ich oft neben dem knisternden Kohleofen saß und unter Opas Anleitung aus dem Feuerholz Möbel und aus alten Camembert-Schachteln Hüte für meine Puppen bastelte. Wie Opa zeitungsblätternd in seinem Sessel saß und mir das Lesen beibrachte. Ich habe in dieser Wohnung, an genau dieser Stelle, an der ich jetzt sitze, laufen und lesen gelernt. Wie Opa und ich an diesem Tisch Blutwurst gegessen haben, weil ich noch zu klein war, um das eklig zu finden. Ach, Opilein. Du fehlst hier so.

Oma versucht unterdessen, mehr Zeit am Stück bei Opa im Heim zu verbringen. Das ist nicht so einfach, da sie momentan regelmäßig auf meine Großcousine, ihr Auto und ihren Zeitplan angewiesen ist. Und auch weil Oma – trotz tendenzieller Besserung – nach wie vor zur Generation «Keinem zur Last fallen» gehört.

Aber neulich hat sie einen ganzen Tag bei Opa verbracht, hat mit ihm zu Mittag gegessen, sich auf das Sofa gelegt und geschlafen. Der Besuch dauerte von 11 bis 17 Uhr, und das war schön und erholsam für beide. Opa war auch einen Tag später noch viel ruhiger als sonst, seine Frau tut ihm gut. Zurückgefahren ist Oma mit dem Taxi. Aber 20 Euro für eine Strecke – wie soll sie sich das auf Dauer leisten können? Mit dem Bus ist der Weg nicht ganz einfach, aber das wird demnächst geübt. Einen Fahrdienst für Senioren kann ich leider nirgendwo finden, aber eventuell suche ich auch falsch. Wenn ich ehrlich bin, wünsche ich mir, dass Oma zu Opa zieht, und rede mir ein, dass dann endlich alles wieder besser wird.

Zu Hause schaut Oma viel Fernsehen und beschwert sich inbrünstig über das Programm. «Also, gerade auf diesen Nachrichtensendern läuft immer nur Hitler. Das kann doch nicht gut sein! Der ist einfach nicht totzukriegen.» Sie schüttelt den Kopf. Am liebsten guckt sie Arte, «da kommt wenigstens was Vernünftiges». Wenn sie der Drang überkommt, backt sie manchmal noch Kuchen. Oder sie schlurft mit dem Rollator zum Einkaufen und trifft sich mit ihrer letzten verbliebenen Schwester zum Eisessen. Oder sie verschlingt kistenweise Bücher, vorzugsweise amerikanische Thriller oder historische Familiensagas. «Aber ich kann ja nicht den ganzen Tag immer nur lesen!»

Darum freut sie sich noch mehr als früher über Besuch. So sehr, dass sie mir eines Nachmittags eins meiner Lieblingsgerichte zubereitet, obwohl sie eigentlich nicht mehr kochen wollte und obwohl ich eigentlich kein Fleisch mehr esse: Ente mit Rotkohl. Zum Dank räume ich die Küche auf, mache die Wäsche und setze mich hinter sie, um ihr eine halbe Stunde lang den Rücken zu schubbern, inklusive Massage, Waschen und Eincremen. Seit ihrem Aufenthalt in der Psychiatrie weiß ich, wie gern sie das hat.

«Das tut gut», brummt Oma mit gesenktem Kopf. Und dann: «Siehste? Ich brauche gar keinen Mann, eine Enkeltochter reicht.»

Ich gucke auf Opas Sessel. In der Ecke liegt noch sein Stofftaschentuch, und ich weiß, dass sie schwindelt.

Man muss sich auch mal ausruhen

Ende Oktober

Ich glaube, mein Opi weint. Sein hochroter Kopf wackelt in kleinen Kreisen vor und zurück, seine Schultern zucken im hektischen Rhythmus seines Atems. In seinen Augen stauen sich Tränen. Ich habe gerade sein Zimmer betreten, noch nicht mal meine Jacke ausgezogen – und bin schon im Notfall- und Beruhigungsmodus. Ich senke meine Stimme, überziehe sie mit Samt, rede langsam und mit Bedacht.

«Nanu? Was ist denn los, mein Opi? Ach, beruhige dich. Ich bin ja hier.» Vorsichtig setze ich mich an sein Bett, nehme seine Hand.

«Die machen das alles nicht richtig hier, das nervt mich so! Ich könnte weinen!» Er schreit beinahe.

«Was genau meinst du?» Mein Daumen reibt über die blauen Adern seiner Greisenhand. Vor, zurück. Vor, zurück.

«Ach, mit den Tabletten und mit dem Essen und dem Fertigmachen für die Nacht. Das dauert alles so lange. Ich muss immer warten. Auch, wenn ich auf Klo muss. Das regt mich auf! Ich habe richtig Angst.»

«Wovor hast du denn Angst?»

«Weiß ich nicht!»

Wir reden über seine Befürchtung, die falschen Tabletten zu bekommen oder vergessen zu werden – leider ist sie nicht ganz unbegründet. Ich versuche ihm zu erklären, dass er seine Tabletten ja genau kennt, weiß, wie sie aussehen und jederzeit Bescheid sagen kann, wenn etwas nicht stimmt oder ihm komisch vorkommt. Dabei bin ich mir nicht sicher, ob das tatsächlich etwas bringt, das hängt hier im Pflegeheim durchaus davon ab, wer gerade Dienst hat. Wir reden auch darüber, dass ein Teil seiner zum Nachmittag aufkommenden Unruhe durchaus biochemische Ursachen hat.

«Deine Nerven haben gewisse Verbindungsprobleme, Opi. Das war schon zu Hause so und liegt an deiner Krankheit.»

Und wir reden darüber, dass sein Bedürfnis nach Kontrolle und Regelmäßigkeit vermutlich in den Erfahrungen während der Kriegsgefangenschaft wurzelt. Aus dem Zuhause gerissen zu werden und in Gefangenschaft jahrelang fremdbestimmt und Willkür ausgesetzt zu sein, pflanzt tiefste Verunsicherung in eine Seele. Die geht nie wieder weg, bleibt ein Leben lang.

Während wir reden, halte ich die ganze Zeit Opas wacklige Hand. Ich spüre die metronomgleichen Muskelkontraktionen in seinem Daumen und rede beruhigend und mit gesenkter Stimme auf ihn ein, immer weiter, wie ein gleichmäßiger Wasserfall. Opa lehnt sich zurück und schließt die Augen, das Zucken in seinem Daumen und sein Atem verlangsamen sich. Es ist mir gelungen, ihn zu runterzubringen.

Das wäre vor ein paar Wochen unendlich schwieriger gewesen, muss ich zugeben. Denn so etwas kostet Kraft. Ich muss mich konzentrieren, atmen, kurze, einfache Sätze wählen, umsichtig sprechen und handeln. Wiederholen. Aber ich war so erschöpft. Unaussprechlich müde. Alle. Mitunter, wenn ich Opa besucht habe, habe ich meinen Kopf an sein Beinchen gelegt und heimlich in die Decke geweint. Ich war überfordert von seinem sich ewig wiederholenden Gemecker über die Unpünktlichkeit der Pflegekräfte. Auch hilflos, denn Argumente dringen kaum durch zu ihm oder nur flüchtig. Ich war emotional am Ende.

Die vergangenen Monate verlangten ihren Tribut, und eigentlich hätte mich das nicht so überraschen dürfen. Der Augenblick, in dem ich dachte, Oma würde in meinen Armen sterben. Die vielen herzzerreißenden Momente, in denen Opa nicht verstand, dass Oma ihn nicht rausgeschmissen hat und trotz allem natürlich noch liebt. Das Hin und Her zwischen Job, Krankenhaus und Pflegeheim. Das viele Beschwichtigen und Erklären und immer wieder Liebe geben, bis man ganz leer ist und dann noch mehr.

Das alles ist eine enorme Belastung – auch, wenn ich

es nicht wahrhaben will –, vor allem für sensible Herzen. Also bekam mein Körper Fieber und zwang mich ins Bett. Schlaue Sache. Denn das schlechte Gewissen, das Pflicht- und Verantwortungsgefühl hätten mich wahrscheinlich nicht pausieren lassen. «Nur aus einem vollen Krug kann man ausschenken. Du musst dir auch mal etwas Ruhe gönnen und auf dich achten», sagte Oma.

«Das kommt ja genau von der Richtigen», erwiderte ich.

«Ja, Kind – ich weiß. Ich habe dazugelernt.»

Und ich jetzt auch. Ich fahre nicht mehr jeden zweiten Tag zu Opa ins Pflegeheim – eine Stunde hin, eine Stunde zurück –, sondern nur noch zweimal die Woche. Das ist okay. Findet auch Opa. «Ja, ja. Kümmere du dich mal um dich und deine Arbeit», sagt er, schon sehr viel besser gelaunt, weniger rot, weniger zittrig als vorhin. Wir essen ein bisschen Schokolade zusammen, spielen ein paar Runden ‹Mensch ärgere dich nicht› – natürlich gewinnt er jedes Mal haushoch – dann ist es Zeit zu gehen, Opa kann seine Augen kaum noch aufhalten. Ich kontrolliere schnell noch seinen Po, Rücken und die Gelenke auf Dekubitus, drücke ihm ein Küsschen auf die faltige Wange und schleiche mich aus dem Zimmer. Lächelnd. Und das geht nur, wenn man sich ausruht, wenn auch zwangsweise wie ich dieses Mal.

Ich habe keine Ahnung, wie lange und wie oft mir das

mit dem Kraftschöpfen gelingen wird. Jetzt, in diesem Moment, ist es okay und mein Akku ist geladen. Aber ich weiß nicht, wann die nächste Krise über uns hereinbricht, wie groß und fürchterlich sie ist und was sie mit uns machen wird. Ich weiß nur: Sie wird kommen.

Dankbar für die kleinen Dinge

Mitte November

«Ich habe keine Lust mehr, Kekse zu backen!» Oma rückt sich resolut die Brille zurecht. «Und ich mache jetzt nur noch, worauf ich Lust habe. So. Da hast du's!»

Ihre neue Abgrenzung begrüße ich sehr – immerhin hat Oma ihr ganzes Leben mit weit offenem Herzen für andere gesorgt und wäre dabei selbst fast zerflossen – aber jetzt geht es nicht einfach nur um läppische Kekse. Es geht um Kekse mit Botschaft und Bedeutung, um ein Dankeschön.

Seit Juli ist Opa im Pflegeheim, und ich möchte mich bei den Menschen bedanken, die sich Tag und Nacht um ihn kümmern. Er ist kein einfacher Charakter, das war er nie. Er hat Probleme, seine Gefühle auszudrücken. Er weiß ja noch nicht mal, was er fühlt. Das ist vielen Menschen seiner Generation eigen. Der Krieg hat ihre Herzen verdorren lassen, sie wären sonst zugrunde gegangen. Opa macht keine Komplimente, er bedankt sich selten, sein Ton ist kurz angebunden und befehlsartig – oder wie er sagt: «Hart, aber herzlich.»

Er schwelgt nicht in alten Geschichten. Er ist keiner

von diesen drolligen Großvätern mit weißem Flauschhaar und Pullunder aus der Bonbon-Werbung. Er ist ein zahnloses Menschlein in T-Shirt und Windel, aus der dauerhaft ein Urinschlauch ragt. Er ist ängstlich, verwirrt und ungeduldig. Früher hat er gern gesungen und Witze gemacht. Aber Parkinson hat seine Stimme und Demenz seinen Humor gefressen. Und obwohl Opa oft unabsichtlich anstrengend ist, sind die Pfleger und Pflegerinnen lieb zu ihm.

«Komm, wir tanzen Tango!», sagt der Auszubildende, wenn er Opa auf den Toilettenstuhl hilft und Opa dazu bewegen muss, in Trippelschrittchen eine Vierteldrehung zu vollführen. Das bezaubernde Mädchen mit dem 1000-Watt-Lächeln streichelt ihm noch mal über die Füße, wenn sie ihm das Abendbrot gebracht hat. Die Russin will ihn immer am liebsten knuddeln. «Der Große», wie Opa ihn nennt, weil er sich keine neuen Namen mehr merken kann, bleibt ruhig und besonnen, wenn Opa sich wegen seiner Tabletten aufregt und schimpft und die Zusammenhänge mal wieder nicht versteht, und kümmert sich zuverlässig um alle organisatorischen Belange. Die langjährige Altenpflegerin rennt unermüdlich über die langen Flure und hat, wenn wir sie mal erwischen, ein offenes Ohr für die Familie und all unsere Fragen. Die Blonde, die sich manchmal einfach kurz zu Opa ans Bett setzt, um mit ihm zu plaudern. Kurz: Die Menschen, die etwas mehr tun, als sie müssten oder dürfen, um meinem Opa das Leben ein klein wenig netter zu machen.

Es ist bei weitem nicht perfekt auf dieser für den Rest der Gesellschaft abgelegenen Greisen-Insel, in dieser unsichtbaren Parallel-Dimension für alte Menschen. Wie auch? Die Personaldecke ist in einigen Pflegeheimen skandalös dünn, die Bezahlung schlecht, die Arbeit hart, es bleibt wenig Zeit und kann nur nach eng getaktetem Plan vorgegangen werden. Vorgänge rutschen durch und gehen daneben. Vergessene, zu spät bestellte oder falsche Tabletten, nicht geleerte Katheterbeutel und WC-Eimer, ein gedankenloser Apfel für den Zahnlosen, Suppe für den Herrn mit Parkinson, zu kaltes und zu wenig Essen. Leere Flure, wenn man dringend jemanden braucht. Keine Antworten auf drängende Fragen.

Und trotzdem sind es die persönlichen, freiwilligen Gesten der Menschlichkeit, die diese letzte Zeit seines Lebens für meinen Opa angenehmer, erträglicher, würdevoller machen. Ein Lächeln, ein paar beruhigende Worte, ein liebevolles In-die-Decke-einwickeln, eine Hand in einer anderen, ein Küsschen auf die Wange, ein Witz. Ein paar gemeinsame Momente. Nicht abzurechnende Extra-Minuten, ein kleines Streicheln und Trösten und Zuhören.

Ich zähle all diese Punkte auf, greife Omas Hand und grinse. «Okay, hier kommt ein Vorschlag: *Ich* backe und du gibst mir nur Anweisungen, ich mache es dann genau nach deinem Plan. Weißt du, Omi, die Pfleger und Pflegerinnen im Heim freuen sich bestimmt über ein paar Kekse.»

«Ja, die sind wirklich alle sehr nett zum Opa, das muss ich schon sagen. Und viel geduldiger als ich, ich bin ein ungeduldiger Typ.» Doch ihr Blick bewölkt sich. «Aber so gut wie ich kann sich keiner um ihn kümmern. Zu Hause ist es eben doch am besten. Die können das einfach nicht ersetzen, auf gar keinen Fall!»

Natürlich können sie das nicht. Oma wirkt auf einmal eingesunken, Kopf und Schultern hängen tief. So als wäre ein Teil ihrer Persönlichkeit untrennbar mit der Pflicht und Fürsorge für ihre Familie verbunden und würde sich daran aufrichten, als wäre das Kümmern ein Stück ihrer emotionalen Wirbelsäule. So ist es schon immer gewesen, denke ich, und beschwichtige: «Wie sollten sie auch, Oma? Dafür haben die doch nicht genug Zeit. Und davon abgesehen: Du bist eben einfach unersetzlich!»

«Jaja. Du brauchst gar nicht so rumschleimen», sagt sie und schmunzelt.

«Außerdem, Omi: Wenn du eines hoffentlich sehr, sehr fernen Tages nicht mehr bei uns auf dieser Welt bist – wer soll mir denn dann zeigen, wie man richtige Kekse macht? Ohne dich werde ich das nie hinkriegen!» Und dann hat Oma doch wieder ein bisschen Lust zu backen.

Diskussion mit einem Demenzkranken

Ende November

«Ihr glaubt mir immer nicht!» Opas Kopf ist dunkelrot, ein Spuckefaden tropft eilig auf die zusammengeknüllte Papierserviette, seine spärlichen Augenbrauen sind eng zusammengezogen, und seine große Nase ragt spitz und schnabelartig hervor: Er ist wahrhaftig wütend. Und zwar, weil ich ihm seine Version einer unglaublichen Geschichte nicht abkaufen will.

Neulich hat ihn die Nachtschwester gegen ein Uhr morgens auf dem Boden vor seinem Bett gefunden. Keiner weiß genau, wie das passiert ist, es lässt sich nicht rekonstruieren. Entweder ist Opa beim Umdrehen aus dem Bett gefallen, oder er hat versucht, allein aufzustehen. Er hat sich zum Glück nicht wehgetan und nur eine kleine Beule, dafür aber eine ganz eigene, spezielle bis absonderliche Erzählung. Sie geht so: «Die zwei Jungs, die immer mit mir ‹Mensch ärgere dich nicht› spielen, die waren lange hier. Es war schon nach zehn Uhr abends, die wollten einfach nicht gehen. Der eine wurde müde und wollte sich hier ins Bett legen, ich bin aufgestanden und habe ihm Platz gemacht. Dann hat mich der andere aus Versehen geschubst, und ich bin auf den Arsch gefallen. War aber nicht schlimm. Das ist alles.»

Meine Kehle wird eng, und Wasser sammelt sich in meinen Augenwinkeln. «Das klingt zwar logisch, aber das *kann* so gar nicht passiert sein, Opilein.»

«Ach nein? Und warum nicht?»

Und dann begehe ich einen schweren Fehler: Ich versuche, einem Demenzkranken zu erzählen, wie die Realität aussieht.

«Es gibt hier keine zwei Jungs, die mit dir spielen. Da kommt immer nur eine Person. Und guck mal, so spät arbeitet hier auch gar keiner mehr ...»

Opa unterbricht mich. «Doch! Die Nachtschwester zum Beispiel.» Punkt für ihn.

«Ja, Opa – aber die Betreuer, die hier arbeiten und mit den Menschen spielen, die haben schon viel früher Feierabend.»

«Ach, die arbeiten ja auch gar nicht hier, die kamen von nebenan.» Es gibt nur leider kein Nebenan.

«Aber ...» Ich muss einmal tief einatmen. «Außerdem würde sich auch nie jemand Fremdes zu dir ins Bett legen. Warum auch? Das ist total unprofessionell und gehört sich nicht.»

«Der hat sich doch hier nur rübergebeugt.»

Meine vorsichtigen Erklärungsversuche und ich prallen gegen eine Gummimauer. Der Arzt hat zu Oma gesagt, dass Opas Demenz nach und nach immer schlimmer werden würde. Aber so …? Ich versuche es trotzdem weiter.

«Opi, dein Gehirn hat da bloß ein paar Kleinigkeiten durcheinander bekommen, das ist alles, und …»

«Hör auf, so dummes Zeug zu reden!» Er schreit mich an. «Ich weiß ja wohl genau, was passiert ist!»

«Ja, Opi, aber denk doch mal nach. Das ist doch unlogisch. Ich habe außerdem eben mit der Pflegekraft gesprochen, und die hat gesagt …»

«Du sollst nicht immer mit den anderen über mich reden! Du sollst das nicht! Die werden nur sauer auf mich, und dann lassen die mich wieder so lange auf dem Topf sitzen!» Er klingt beunruhigend schrill.

«Aber ich muss mich doch mit denen austauschen, damit es dir gut geht!» Ich merke, wie meine Verzweiflung von der Wut eingeschnürt wird und auch meine Stimme anschwillt.

«NEIN! Lass das nach!»

Opa hat seinen Oberkörper aufgerichtet, sein Gesicht gleicht dem eines zornigen Adlers.

«Ihr sagt immer alle, dass ich lüge. Aber das ist nicht so!»

Ich fühle mich taub und weiß nicht, was ich noch sagen soll. Jetzt drängt das Wasser aus meinen Augen. Ich nehme Opas Hand, sie zittert. Ich halte inne, für Worte ist hier kein Platz mehr. Zu spät merke ich, dass Opa sehr wahrscheinlich deshalb so wütend wird, weil es ihm Angst macht. Denn wenn man nicht mal mehr seiner eigenen Wahrnehmung trauen kann – wem dann? Langsam wische ich mir mit dem Zeigefingerknöchel eine Träne aus dem Augenwinkel und entschuldige mich bei ihm.

«Tut mir leid, Opi. Ich hätte dir besser zuhören sollen.» Atempause, für uns beide. «Jeder Mensch hat seine eigene Realität. Zwei Menschen können dieselbe Situation komplett unterschiedlich erleben, und beides ist wahr. Wenn du sagst, dass die hier mit dir ‹Mensch ärgere dich nicht› gespielt haben und der eine dich geschubst hat, dann wird das wohl so gewesen sein.»

«Hab ich doch gesagt. Du musst mal besser zuhören.»

«Natürlich, Opi. Du hast recht.»

Er sackt zurück ins Kissen. Ich stelle ihm eine Dose mit Tröstebonbons aus Schokolade aufs Bett. Die isst er immer gern, auch fünf auf einmal. Ich gucke ihm zu und fühle, wie sich das Verzagen in meiner Brust ausdehnt.

«Ich weiß doch, dass manchmal nicht alles stimmt, was ich sage», murmelt er mit vollem Mund plötzlich. «Ich weiß nur nicht genau, was.»

«Ach, weißt du – das ist im Grunde egal, Opa. Nächstes Mal glaube ich dir einfach gleich.»

Ich weiß, er ist dement, aber ich will ihm Respekt und Vertrauen entgegenbringen. Auch, wenn das nicht immer leicht ist.

Neulich zum Beispiel behauptete er steif und fest und außerordentlich aufgebracht, dass eine andere unserer Großcousinen ihn besucht und Interesse bekundet hätte, dort in seinem Pflegeheim am Empfang zu arbeiten. Ich lachte sehr über den Einfallsreichtum seines dementen Kopfes, rief direkt bei Oma an – um herauszufinden, dass Opa tatsächlich die Wahrheit erzählt hat. Man weiß es einfach nie so genau. Wobei er oft auch bloß davon spricht, dass Omi spätabends auf dem langen Flur rumtobt oder Partys feiert oder mein Onkel, meine Mutter und ich als Kinder lautstark zusammen spielen, und zumindest diese Fälle sind eindeutig.

Es klopft kurz, die Tür geht auf und meine Schwester kommt in Opas Zimmer. Heute überschneiden sich unsere Besuche mal, und ich freue mich sehr, sie zu sehen. «Oh, nein – was hast du denn wieder angestellt, Opa?», fragt sie besorgt, als sie seine Beule und das Pflaster sieht. Während sie ihre Jacke ablegt und sich hinsetzt, erzählt er ihr die gesamte Geschichte noch mal, mit ein paar interessanten Abwandlungen. Und meine Schwester sagt ziemlich weise und überaus lässig: «Na, wenn die dich schubsen, Opa – dann spiel doch einfach nicht mehr mit denen.»

Wie feiern wir Weihnachten ohne Opa?

Anfang Dezember

Dieses Jahr drückt Weihnachten wie ein Eisberg auf mein Gemüt. Während sich die restliche Welt im Zimt-, Keks- und Glühweinrausch in aller Besinnlichkeit besinnungslos isst und trinkt, versuche ich, den Gedanken ans «Frohe Fest» mit aller Kraft zu verdrängen. Während sich andere Menschen über Mandarinenduft freuen, legt sich in Opas Zimmer wie immer ein zarter Urinschleier über alles. Denn Opa ist im Heim. Das Wort fräst sich durch mein Bewusstsein bis ins Herz und wieder zurück, immer mal wieder und besonders jetzt. Denn obwohl es ihm dort gut geht und wir ihn im Wechsel mehrmals wöchentlich besuchen, merke ich, dass wir unseren alten Griesgram zu dieser Jahreszeit noch mehr vermissen als sonst. Falls das überhaupt geht.

Früher – als Opa noch eigene Zähne hatte, oder später zumindest welche, die ihm ordentlich passten – da hat er während der Weihnachtszeit am liebsten haufenweise getrocknete Datteln und Feigen genascht. Oder Nüsse geknackt, Orangen gepult, Äpfel geschält. In seinem Sessel mit der rechteckigen Brille auf der Nase und einem fast vollständig ausgefüllten Kreuzworträtsel vor sich. Doch sein Sessel ist leer und wird es auch bleiben.

«Ich habe überlegt, ob wir ihn nach Hause holen an Heiligabend», sagt Oma graustimmig am Telefon. «Aber das macht ihn bestimmt nur noch trauriger, wenn er dann wieder weg muss. Und mich auch.»

Dazu kommt: Der medizinische Transport ist teuer und jeder Ortswechsel für Opa unzumutbar anstrengend und stressig. Seine Demenz sorgt dafür, dass es immer Wochen dauert, bis er sich orientiert hat und wieder weiß, wo er ist. Es spielt eben jeden Tag der gleiche Film in seinem Kopf, und wenn sich darin Abläufe oder Orte ändern, fällt es sofort auf und verwirrt ihn nachhaltig. Das ist so, seit er damals im Sommer kollabierte und auf die Geriatrie musste. «Oma hat wieder die ganze Nacht Lärm gemacht auf dem Flur, was war denn da los?», fragt er dann. Oder er sieht meinen Onkel, der ein Bett auseinander- oder zusammenbaut. Oder er hört Kinder, die spät abends über seinem Zimmer rumtoben. All das existiert nur in seinem Kopf, für ihn ist es deshalb aber nicht weniger real.

Und Oma hat recht: Was macht das mit Opa, wenn er für ein paar Stunden in seiner alten Welt, seinem alten Zuhause ist und dann wieder zurück muss an diesen anderen, sterileren Ort, das Pflegeheim, und es wahrscheinlich nicht versteht? Wollen wir ihm das ernsthaft zumuten – nur, damit wir wie immer Heiligabend zu Hause feiern und kurz die Illusion aufrechterhalten können, alles wäre total normal und so wie früher?

Ach, Weihnachten. Kannst du dieses Jahr nicht einfach ausfallen? Blödes Kackfest. Wie sollen wir das bloß machen? Ich schließe die Augen und sehe Leere.

«Ich weiß nicht, Omi», flüstere ich. «Ich weiß es wirklich nicht.»

Doch sie hat bereits eine Idee: «Tja, dann müssen wir eben beim Opa feiern», sagt sie, zu Beginn vorsichtig und am Ende des Satzes auf einmal sehr bestimmt. Ich halte angesichts dieser Unglaublichkeit die Luft an.

«Im Heim?»

«Ja, wieso denn nicht? Platz ist doch genug, wenn wir noch ein paar Stühle holen. So viele sind wir ja nun auch nicht», sagt Oma.

Ich zögere. Weihnachten im Pflegeheim? Mit unserer ganzen, komischen Familie? Geht das überhaupt? Dürfen wir das? Bei dem Gedanken wird mir schwummrig. Aber Oma entwickelt einen ersten, vorläufigen Plan, und weil es ihr hilft, plane ich mit: Wir wollen einen kleinen Baum besorgen, gegebenenfalls einen künstlichen, das ist egal. Oma wird als übliches Festessen Kartoffelsalat und Frikadellen zubereiten, weil das nicht so viel Arbeit für sie ist, und ich ein ausgefallenes Dessert. Ich werde spaßeshalber meine alte Blockflöte mitbringen, ein Gesangbuch für alle Fälle und mein iPad zwecks musikalischer Untermalung. So könnte es klappen. Eventuell.

«Wollt ihr wirklich alle hier angeschissen kommen – mit Hund und dem ganzen Kram? Was soll denn der Mist schon wieder?» Als er unsere Idee zum ersten Mal hört, ist Opa definitiv nicht begeistert. Alles andere hätte mich aber auch überrascht. Ich lege meine Hand auf den Rest seines Oberschenkelchens.

«Nun reg dich doch nicht gleich wieder so auf, Opilein. Es ist Weihnachten, und da machen wir es uns gemütlich. Oma macht Kartoffelsalat, ich mache Mousse au Chocolat nach einem Rezept von Paul Bocuse. Du weißt schon, der berühmte Franzosenkoch. Wir feiern alle zusammen hier bei dir, muss ja auch nicht lange sein. Versprochen. Wenn du müde bist, darfst du uns alle knallhart rausschmeißen. Leute rausekeln macht dir doch Spaß, oder?»

Er deutet ein Grinsen an, bevor er kurz die Augen schließt und «Jaja» murmelt. Offenbar ist es mir gelungen, ihm eine Idee zu verkaufen, obwohl ich selbst mehr als ein paar Zweifel daran habe. Oder Opa ist genauso ein Schummler wie ich. Aber das ist nun mal der einzige Weg. Wenn der Mensch, den du liebst, nicht mehr zu dir kommen kann, dann musst du eben zu ihm. Möglicherweise wird Weihnachten auf diese Weise ja doch noch halb schön und nicht so traurig. An dem Gedanken halte ich mich fester als an Opas Knochenfingern.

Opa und der lichte Moment

Ende Dezember

Ganz ruhig liegt er da, sein Kopf mittig im orangefarbenen Nackenhörnchen. Heute wirkt Opa bei meinem Besuch nicht so aufgebracht wie üblich, sein Blick ist scharf und auf mich gerichtet. Mit feiner Antenne spüre ich: Die Demenz hat heute frei. Ich nehme seine Hand. «Na, mein kleines Opilein – wie geht's dir so?»

«Wie soll's mir schon gehen? Nicht so gut. Aber es geht schon.» Opas Stimme ist kaum verwaschen, sondern gut zu verstehen, es ist fast wie früher. Mit seiner zum Viereck gefalteten Papierserviette fegt er in drei zackigen Zügen Christstollenkrümel von seiner Brust. Normalerweise folgt an dieser Stelle eine Schimpftirade. Darüber, dass die Tabletten nie pünktlich kommen, dass sein Stuhlgang nicht funktioniert und sein Katheter nicht richtig läuft. Heute ist das anders.

«Ich merke, dass ich manchmal Sachen vergesse oder verwechsle, und das tut mir leid», sagt er auf einmal.

«Aber nein! Das macht doch nichts, Opi! Du bist schon über 80, du darfst das. Du hast alles Recht der

Welt, tüdelig zu sein!» Ich lächle eine Träne weg, er soll sie nicht sehen.

Er nickt. Dann sagt er: «Ach, ich habe Sorgen.» Etwas bricht auf, und nach langer Zeit spricht Opa endlich konkret und klar über all das, was in jüngster Zeit sein Herz bewegt. «Es ärgert mich so, dass ich nicht mehr laufen kann.» Er atmet gleichmäßig und fixiert die Papierserviette. «Immer nur hier rumliegen, nicht allein auf Toilette können, immer wegen allem klingeln und betteln müssen. Und ohne Oma. So habe ich mir das nicht vorgestellt mit dem Alter, das kannst du mir glauben.»

«Ich weiß, Opi. Ich weiß. Ich mir auch nicht. Du kannst nichts dafür, das ist das Parkinson, deine Krankheit», sage ich.

«Ach, Scheiße ist das! Ich hab ja wirklich gedacht, das geht wieder weg. Aber wird es wohl nicht.»

Dazu kann ich beim besten Willen nichts weiter sagen und drücke stattdessen seine Hand mit der Haut aus Papier. Sie zittert nicht und sieht merkwürdig schön aus im honiggelben Licht der Wandleuchte hinter seinem Pflegebett.

Dann spricht er über Oma. Sie hat in letzter Zeit wieder schlimme Knochenschmerzen – psychosomatisch, behaupten die Ärzte –, und Opa ist besorgt und befürchtet, dass seine Frau noch mal ins Krankenhaus muss. «Hoffentlich bekommt sie nicht wieder die falschen Tabletten. Nicht, dass es ihr wieder so schlecht geht. Das war ja alles nicht schön damals. Hat ganz schön lange gedauert, bis sie wieder auf die Beine kam. Und richtig gesund ist sie wohl immer noch nicht.»

Er erinnert sich, richtig und wirklich, und ich kann nur noch zuhören. Opa spricht über seinen schwer zucker- und krebskranken Sohn und seinen Kummer darüber. «Es macht mich traurig, ihn so zu sehen. Er sieht ganz elend aus. Hoffentlich können die Ärzte da was machen.» Er spricht über seine Tochter, meine Mutter, die ihre eigenen Probleme hat und die er genauso liebt und genauso selten sieht. «Sie muss sich endlich mal am Riemen reißen, ich habe das ja auch geschafft.»

«Du machst dir zu viele Sorgen, Opa.»

«Das geht nicht anders, das kommt von allein.»

Er spricht auch kurz über seine Enkelkinder – es gibt mehr als mich und meine Schwester, zwei fast erwachsene Kinder meines Onkels, aber die wohnen weit außerhalb und besuchen Opa nie.

Zu mir sagt er eindringlich: «Ach, du machst das alles schon. Aber ich hoffe, dass du genug Geld zum Leben hast.» Es ist knapp, aber das erzähle ich ihm nicht. Ich will ihn nicht noch mehr beunruhigen, finanzielle Sicherheit und Stabilität sind ihm fast so wichtig wie Pünktlichkeit. Das ist nicht das Einzige, was ihn ausmacht, merke ich gerade wieder.

«Opa macht sich oft Sorgen und ist sehr sensibel»,

wird Oma später sagen, als ich ihr davon erzähle. «Das war er schon immer. Er hat es nur nie so gezeigt.»

Ich setze mich zu ihm an die Bettkante, lege meinen Kopf auf seine Brust und lasse mich von seinem ruhigen Atem anheben. Opas Arme liegen auf meinem Rücken, die LED-Kerze im Plastik-Adventskranz flackert unrhythmisch, und wir verharren minutenlang schweigend. Im Hintergrund brummt unaufhörlich und leise der Motor der Anti-Dekubitus-Matratze. Und ich habe Angst, dass das Fenster zu seinem früheren Ich viel zu schnell wieder zugeht. Ich wünschte, ich könnte ein Stöckchen dazwischen klemmen.

«Guck mal, was ich für faltige Arme habe», unterbricht Opa die Stille. «Ich bin ein Greis. Und so dürre Beine. Wenn ich mich im Spiegel sehe, erkenne ich mich gar nicht mehr wieder. Ich sehe aus wie ein Fremder.»

Ich richte mich auf und lächle ihn mit aller Kraft an. «Höchstens von außen, Opi. Höchstens von außen!»

«Früher, da sah ich aus wie Cary Grant.»

«Ja, Opi. Ich weiß! Du warst so ein schmucker junger Mann. Aber ich finde dich auch so immer noch schön.»

«Na ja.» Er schmunzelt, wenigstens kurz. Die Haut an seiner Stirn ist so dünn, dass sie fast durchsichtig ist und ich jede einzelne kleine Talgdrüse erkennen kann. Ach, Opi.

Zum Abschied frage ich ihn später: «Und, freust du

dich denn schon auf Weihnachten mit uns allen?» Immerhin sind es nur noch wenige Tage. Opas Antwort ist gewohnt knapp: «Nein.» Aber klarer hätte ich es auch nicht ausdrücken können.

Weihnachten

24. Dezember

Kann man als erwachsener Mensch Angst vor Weihnachten haben? Ich schon, zumindest in diesem Jahr. Das letzte Mal hatte ich derartig ungute Gefühle zu Heiligabend, als ich etwa drei Jahre alt war und mein Onkel sich extra für mich als Weihnachtsmann verkleidet hatte. Ich wusste aus Erzählungen meiner Mutter sehr genau, dass der Weihnachtsmann sämtliche Verfehlungen in seinem schwarzen Buch aufschreibt, und ebenso genau, dass ich davon so einige angesammelt hatte. Darum versteckte ich mich unterm Bett und kam erst wieder raus, als er weg war. Genau das würde ich jetzt auch am liebsten machen.

Aber nicht nur ich fühle mich unwohl im Hinblick auf Heiligabend, Opa geht es auch so: «Mir graut davor, wenn hier so viele Leute rumlungern», vertraut er mir am Telefon an. Opa kann nicht gut mit Aufregung und Veränderung. Ich kann nicht ganz so gut mit der Familie und gar nicht gut mit der Tatsache, dass wir im Pflegeheim feiern und nicht – wie noch vergangenes Jahr – zu Hause bei Oma und Opa.

Die letzten Schritte auf dem langen, mit holzfarbenem PVC ausgelegten Gang, Opas Zimmer ist fast ganz hinten, und mir rutscht fast die große Emailleschüssel mit Mousse au Chocolat aus den Armen. Das echte französische, mit Sahne und Ei und Kaffee und edelster Schokolade. Es wäre ein Jammer. Tja, das kommt davon, wenn man so tief in so bedrückenden Gedanken ist. Ich stehe mit Herzklopfen vor Opas Buchenholztür und atme mehrmals tief ein. Beim letzten Ausatmen richte ich meine Schultern auf und öffne die Tür.

Da sitzt meine Schwester, wie immer elegant, heute in einem Spitzenkleid – neben meiner Mutter und ihrem zweiten Ehemann auf dem Sofa. Wir hatten vorher über Oma vereinbart, in Schichten zu erscheinen. Damit Opa nicht so viel Stress hat und wir auch nicht. Ich bin offenbar zu früh dran und verunsichert. Was tue ich jetzt? Erst mal hallo sagen, derdiedas Mousse retten und auf einen sicheren Tisch stellen. Dann Mantel ausziehen. Dann begrüße ich Opi mit dem üblichen Dreifach-Küsschen. Je mehr Rituale unverändert bleiben, desto wohler fühlt sich der Demenzkranke.

Ich drehe mich um, gehe eineinhalb Schritte auf meine Schwester zu und umarme sie, auch das ein Ritual. Dann ist meine Mutter dran, und ich weiß nicht recht, da wir uns ziemlich lange nicht gesehen und gesprochen haben. Doch auch wir umarmen uns, sind herzlich miteinander. Mehr als das: Mögen unsere Familienverhältnisse grundsätzlich noch so kompliziert, konfliktbeladen und dysfunktional sein – es ist ehrliche Freude. Nur der Mann meiner Mutter steht nach einem höflichen Handschlag auf und geht schon mal runter, um im Auto zu warten.

Es fühlt sich nicht so an, als hätten wir uns ewig nicht gesehen. Sondern so, als wäre es nur wenige Stunden her. Wir machen die alten Witze und versichern uns auf diese Weise, dass alles ansatzweise gut und friedlich ist. Auf Opas Bett liegen eine neue knallblaue Flauschdecke und ein Schokoweihnachtsmann, beides Geschenke vom Pflegeheim an jeden Bewohner. Dann geht die Tür auf und meine Oma rollt pustend herein – gefolgt von meinem kranken Onkel, auch mit Gehhilfe, und meiner Großcousine.

«Hahaha, Rollatorparade!», rufe ich, und alle lachen. Opas kleines Zimmer ist proppenvoll. Sogleich werden Omas innerhalb der Familie hochgeschätzter Kartoffelsalat und ihre Frikadellen ausgepackt, außerdem Plastikgeschirr und eine Thermoskanne mit Kaffee. Jemand besorgt noch einen Stuhl, jemand anders kleine Löffel und Zucker. Ich schmeiße die Weihnachtsplaylist auf dem iPad an. Meine Großcousine schenkt den Kaffee aus, ihr Hund sitzt brav neben Omas Rollator. Es ist erstaunlich: Wir funktionieren trotz allem fast reibungslos. In der Ecke funkelt ein kleines Plastikbäumchen pink und rot und blau. Mehr Heiligabend wird's nicht, und irgendwie ist es gar nicht so entsetzlich, unpersönlich und anstrengend wie befürchtet.

Opa putzt währenddessen schweigend einen ganzen Teller Kartoffelsalat weg und Oma schneidet ihm die Frikadelle dazu klein, wie früher. Sie selbst hat keinen Appetit, mal wieder. Ihre Hände krampfen – neuerdings hat sich Gicht zu ihren Diagnosen gesellt –, sie hat Sorgen und immer wieder irgendwo an ihrem Körper Schmerzen. Da ist das mit dem Essen nicht so einfach. Trotzdem probiert Oma ein Löffelchen von meiner Mousse. «Hm. Nee. Ist mir zu süß», sagt sie streng und mit schmalen Wangen. Opa hingegen vernichtet auch dieses Dessert und kleckert dabei. «Ach, Opi! Wie siehst du wieder aus?», sagt Omi kopfschüttelnd. «Gib mir mal eben deinen Kodder, dann kann ich das wegmachen.»

«Nein, nimm einen anderen! Das ist meiner», sagt Opa und hält sich an seiner Serviette fest.

Unterdessen häuft meine Mutter schaufelweise Kartoffelsalat zum Mitnehmen in eine Tupperschüssel; mein Onkel nickt, erschöpft von der Chemo, kurz in seinem Stuhl ein. Bevor sie los will, nötige ich meine Mutter noch, auch von meiner Mousse zu probieren. «Ist nach einem Rezept von Paul Bocuse. BOCUSE, verstehst du?!», sage ich mit französischem Akzent. Und Opa ruft plötzlich: «*Fermez la porte!*» Den Satz hat er als Teenager von einem französischen Kriegsgefangenen aufgeschnappt, und damit hat er sich während unseres Familienurlaubs in Südfrankreich 1989 immer nach Ladenöffnungszeiten erkundigt. Mit durchwachsenen Resultaten. Dass er sich daran erinnert, rührt uns alle. Obwohl meine Mutter Diabetes hat, ist sie – wie fast alle in unserer Familie – ein Süßzahn und greift zu. «Göttlich! Da kann man sich ja reinlegen», lautet ihr Urteil, und ich freue mich kringelig vor Kochstolz.

In dem allgemeinen Wirrwarr aus Körben, Schälchen, Alufolie, Stühlen und LED-Kerzen tauschen wir Geschenke aus, die – ob der finanziell angespannten Situation – eher kleine Aufmerksamkeiten sind. Doch sie kommen von Herzen. Opa bekommt von mir einen Kalender, an dem er den Tag selbst weiterschieben kann. So weiß er ab sofort, welches Datum heute ist, und muss mich nicht jeden Tag fragen. Oben auf dem Kalenderblatt sind Fotos von ihm und denen, die er liebt. Aus besseren Tagen ohne Parkinson, Krebs, Niereninsuffizienz und Demenz.

Opa liegt unerwartet ruhig und gelassen in seinem Bett, schimpft nicht und blickt immer wieder umher, als könne er nicht fassen, dass wir wirklich alle hier sind. Keiner von uns kann sich erinnern, wann wir als Familie das letzte Mal alle zusammen in einem Raum waren. Ein kleines Weihnachtswunder. Oma isst sogar ein bisschen Kartoffelsalat.

Irgendwann sind nur noch Oma, mein Onkel, meine

Großcousine und ich bei Opa. Es ist warm, schummrig und ruhig. Auf dem iPad laufen weiter leise Weihnachtslieder.

«Eigentlich könnten wir ja mal was singen», bringe ich zaghaft vor.

«Ja, der Opa hat früher immer so gern gesungen», sagt Oma wehmütig. «Der hatte so eine schöne Stimme. Und das haben wir zu Hause auch immer gemacht, besonders an Weihnachten. Da gab es kein Radio und all so einen Schnickschnack.»

Ich erinnere mich, Opa hatte wahrhaftig eine klare, kräftige Stimme. Doch seit vielen Jahren ist kein gesungener Ton mehr über seine Lippen gekommen. Vermutlich hat das hinterhältige Parkinson längst auch seine Stimmbänder ruiniert.

«Ja, ich erinnere bloß die Texte nicht mehr», sagt Opa. Ich auch nicht. Aber das kann kein Argument sein. Die Luft im Zimmer summt vor Weihnachtsgefühl und Besinnlichkeit.

Und dann – ich weiß nicht, wer von uns den ersten Ton angestimmt hat – singen Oma, Großcousine und ich los. Zuerst gar nicht ernst und ziemlich zögerlich, dann immer mutiger. Ich drehe die Lautstärke höher. «O Tannenbaum» und «Alle Jahre wieder». Schließlich spielt der Streamingdienst «Stille Nacht», da sind wir alle textsicherer.

Und ganz plötzlich höre ich die Singstimme meines Großvaters. Das erste Mal seit vielen Jahren. Nicht so laut und schmetternd wie früher, aber noch klar und deutlich. Meine Finger umkrampfen das iPad. Passiert das gerade tatsächlich?

Ja. Opa liegt in seinem Bett und singt bedächtig mit geschlossenen Augen. Er rollt das «r» beim Singen, mehr noch als beim Sprechen. «Schlaf in himmlischerrr Rrrruuuhuuu …» Eine Träne tropft aufs Display, und mein Herz ziept vor Freude. Unsere Stimmen verweben sich, Opa kann den letzten Ton nicht lange halten. Aber das macht gar nichts. Wir sind zusammen, wir singen gemeinsam, in diesem Moment ist alles auf der Welt in Ordnung.

Ich gucke meine Oma an, bunt geschmückt mit Kette, Ohrringen und Glitzerspange im Haar. Sie schlägt sich tapfer. Ich gucke meinen Opa an, der friedlich in seinem Bett liegt. Er hat sich hier gut eingewöhnt. Ich erinnere mich an all die Schicksalsschläge des hinter uns liegenden Jahres. Die Überforderung, die Scham, die Angst, das schlechte Gewissen, die seelischen und körperlichen Schmerzen. Wir haben all das überstanden, sind als Familie ein Stückchen zusammengewachsen.

Ich wünschte nur, wir hätten früher den Mut gehabt, uns ernsthaft und ausführlich mit den Themen Alter, Krankheit und Pflege zu befassen und ehrlich darüber zu sprechen, in Ruhe zu planen. Und wir hätten früher gewusst, dass ein Pflegeheim trotz aller unleugbaren

Widrigkeiten und Probleme keinesfalls Abschiebung, Aufgabe und ein albtraumhaftes Ende bedeuten muss, sondern Fürsorge, Entlastung und Hilfe sein kann. Und dass es überlebenswichtig ist, auf sich selbst aufzupassen, seine psychischen und physischen Grenzen zu kennen – auch und gerade dann, wenn andere Menschen von einem abhängig sind. Ja, wir haben es geschafft – aber nur knapp.

Es riecht nach Kartoffelsalat, Mandarine und bloß wenig nach Urin. Ich nehme Omas Hand und Opas Hand und freue mich darüber, dass wir alle noch am Leben sind: «Frohe Weihnachten, ihr beiden.»

Am nächsten Tag sagt Opa am Telefon zu mir: «Mir ist immer noch ganz froh zumute.» So was habe ich seit Ewigkeiten nicht mehr von ihm gehört; ich glaube sogar noch nie. Aber ich stimme ihm zu: Es war das schönste, friedlichste Weihnachtsfest, an das ich mich erinnern kann. Dass wir es ausgerechnet im Pflegeheim feiern würden – wer hätte es ahnen können?

MIX
Papier aus verantwortungsvollen Quellen
FSC® C083411

Das für dieses Buch verwendete Papier ist FSC®-zertifiziert.